「１度目の引退試合」
ピッチャーゴロで一塁に駆け込んだ日本ハム・稲葉篤紀にアウトの判定をする塁審の山崎
2010年９月26日、日本ハム対西武、札幌ドームの最終戦
[北海道新聞社提供]

「ピッチャーのボークではないか」と近藤貞雄・日本ハム監督(中央)からの激しい抗議を受ける球審の山崎(左側手前)
1989年４月、日本ハム対南海戦、東京ドーム

東日本大震災の被災地で行われたプロ野球選手会主催のチャリティーイベント
2011年12月４日、福島県いわき市

新潟県中越地震被災地でのプロ野球選手会イベントで開会宣言する審判たち
2007年12月、柏崎市

審判として現役引退の年を迎えた山崎
2010年６月19日、千葉マリンスタジアム

西武のキャンプで、山崎（捕手の向こう側、中央）は新人審判を指導
2011年２月、宮崎県日南市

２度目の引退試合後、関係者のねぎらいの言葉に感涙にむせぶ山崎。右は妻のかおるさん
2010年10月１日、千葉マリンスタジアム
[新潟日報社提供]

「平成の名勝負」と言われた野茂英雄（近鉄）対清原和博（西武）の対決
球審の山崎が清原の三振、アウトを告げた
1992年頃、西武球場

アメリカの審判学校に留学。ベテラン
指導者から学んだことが貴重な体験に
1993年１月、フロリダ州キシミー市

子供たちの前でプロ審判の判定の模範を披露する山崎。捕手は西武の炭谷（銀治朗）
2007年12月、新潟県中越地震被災地でのプロ野球選手会イベント

ハードオフエコスタジアム新潟でのオールスター第２戦に出場した審判たち
2010年７月24日

育成審判員にルールを説明

通称「球審の七つ道具」
すべて身に着けると重さ4.8キロにも

ネット裏上段の「指定席」で克明にメモを取る山崎
2011年、千葉県鎌ヶ谷市の日本ハム鎌ヶ谷球場

「1度目の引退試合」。日本ハム・田中賢介の打球を内野安打と判定する一塁塁審の山崎
2010年９月26日、日本ハム対西武戦、札幌ドーム

「２度目の引退試合」では三塁塁審を務めた。三塁手はロッテ・今江敏晃
2010年10月１日、ロッテ対オリックス戦、千葉マリンスタジアム

楽天の捕手・藤井彰人にボールを渡す球審の山崎
2006年６月18日、楽天対ヤクルト戦
クリネックススタジアム宮城

ストライクをコール
2006年ごろ、ロッテ対日本ハム戦、千葉マリンスタジアム

2011年のシーズンから日本のプロ野球にも導入された統一球は国際試合仕様。試合前には銀紙で包む

球審を務める際の道具一式を大型バッグに入れると、ゴルフに行くような姿に

プロ野球審判
ジャッジの舞台裏

山崎　夏生

もくじ

プロローグ

２０１１年3月11日午後2時46分、ロッテ浦和球場（さいたま市にある千葉ロッテマリーンズ二軍の本拠地）のネット裏関係者席が静かに揺れ始めました。「地震だ…」と誰からともなくつぶやく声が聞こえましたが、地面の真下から突き上げるような揺れではないので、そう慌てることもありませんでした。しかし、揺れは一向に収まらず、むしろ激しさを増すばかり。ついには立っていられないほどになりました。

恐怖のあまり屋外に飛び出そうかとも思いましたが、目の前にあるネットを張った巨大な鉄塔が大きく揺れ、まさに自分の方向に倒れてきそうでした。出口の扉に手をかけたまま、立ちすくむしかありません。ついに関東にも噂《うわさ》されていた大地震が来たのか、と観念しました。

この日は二軍のオープン戦・春の教育リーグでロッテ対西武の試合が行われていました。選手もお客さんも皆、鉄塔から離れたフィールド内に避難し、両手を地面に突いて揺れに耐えていました。そんな状態が3分近くも続いたと思います。ようやく揺れは収まったものの、もはや試合どころではありませんでした。これは「間違いなく異常事態だ」と察知し、審判団はすぐにコールドゲームを宣告、皆が帰り支度を始めました。

私の自宅は千葉市美浜区（東京湾奥の埋立地）にあり、ロッテ浦和球場からは60キロほどの距離。いつもならば車で1時間ほどで帰宅できるのですが、この日はすべての高速道路が封鎖されていたため、8時間以上もかかりました。主要幹線道路は大渋滞で、千葉県内に入ってからは全く動かなくなりました。その間、妻とはメールでの連絡も取れず、お互いの安否もわからぬまま不安な時間ばかりが過ぎていきました。

夜の11時過ぎに自宅近辺にたどり着いたものの、路面は波のようにうねり、路肩の縁石はドミノ倒しのように崩れ落ち、街路灯も消えていて辺りは真っ暗闇でした。埋立地ゆえの液状化現象が起きており、水浸しの個所もありました。高層マンションのエレベーターも停止していたので、一気に11階の我が家まで駆け上がりました。部屋では妻が茫然《ぼうぜん》として座り込んでいましたが無事で、川崎市に住む長男一家の安否も確認でき、ようやく胸をなでおろしました。

　ただ、その直後から、とにかくとんでもない事態になったな、しばらくは野球どころじゃないだろうなぁ、と暗澹《あんたん》たる気持ちになりました。家の中の片づけをしながらテレビを見ると、予想をはるかに超える大地震と大津波。陸前高田、気仙沼、南三陸、石巻、南相馬など若き頃、二軍遠征で行った東北の町の家屋が根こそぎ流されていく光景には目を覆いたくなりました。

　思い起こせば、1995年1月17日に発生した阪神・淡路大震災の時もひどい状況でしたが、それでもプロ野球の開幕までは2カ月以上の月日がありました。また被災地も今回の地震に比べれば狭い範囲でしたので、復興のために日本中の全パワーを投入することができました。「がんばろうKOBE」を合言葉にオリックスの選手がシーズンを戦い抜き、見事にペナントレースを制したことは、多くの被災者の心を慰め勇気を与えたでしょう。

　今回の東日本大震災は開幕までわずか2週間の時期。直後は巨大地震の影響がどこまで及ぶのかを想像することさえ難しい状態でしたが、プロ野球関係者の尽力で当初予定より約3週間遅れの4月12日に開幕を迎えることができたのです。

　そして29日には、所々が崩壊した本拠地・クリネックススタジアム宮城（仙台市）へ楽天が震災後、初めて帰ってきました。試合前の嶋基宏選手会長の挨拶《あいさつ》は感動的なものでした。野球ファンの誰もがこの日だけは楽天に勝ってもらいたい、そして東北の人たちとともに喜びを分かち合いたい、そう願っていました。この日、球場は2万6１３人もの人たちで埋め尽くされましたが、そのほとんどは被災された方々でした。

田中将大投手が１３８球を投げ切り完投で勝った瞬間、観客席では多くの男女が抱き合い、子供たちの歓声が上がり、中年男たちのむせび泣く姿が見られました。わずかなひときでも震災の悲しみや苦しさを忘れ、白球にこれからの夢や希望を託すことができたのでしょう。「東北の底力」「野球の底力」、それを十分に見せてもらいました。

たかが野球、されど野球、です。私は２０１０年秋に29年間務めてきた日本野球機構（ＮＰＢ）の審判員を引退し、審判技術委員という指導する立場に就きました。現役時代はパシフィック・リーグを中心に一軍公式戦1、４５１試合に出場。その間、日本一多いと思われる17回の退場宣告を行い、大過も小過もたっぷりとある、騒々しい審判人生でした。プロ野球の現場にいて多くの選手や監督が作り上げた名場面、名試合を見てきましたが、そこには必ずや審判のジャッジがありました。この右腕1本が上がるか、上がらぬか。その決断の裏側を支えたものは何だったのでしょうか。自分でも不思議な感慨にとらわれます。また、野球は本当に多くのものを自分に教えてくれましたが、なぜ、こうも夢中になれたのでしょうか。私を支え続けてくれた人たちの顔を思い浮かべながら、この29年間を振り返ってみます。

I　名選手列伝

飛躍する選手とは

審判の現役時代、29年間で2500人以上の新入団選手を見てきました。ということは、同数の退団選手も見てきたわけです。皆、それぞれに華々しいアマチュアでの実績を引っさげて入団してきますが、かたやスーパースターになる者もいれば、ほんの数年でひっそりと寂しく球界を去る者もいます。

松坂大輔（西武－ボストン・レッドソックス）やダルビッシュ有（日本ハム－テキサス・レンジャーズ）、田中将大（駒大苫小牧高－楽天）らのように入団当初からの期待に十分に応えている選手は数多くいます。同時期に甲子園や神宮で大活躍し、彼ら同様、ドラフト1位指名を受け「即戦力」「球界を背負う大器」「○○2世」と評されながらも全く芽が出なかった選手もまた数多くいます。

その反面、ドラフト下位や育成選手ながら、気がつけば数年後にはクリーンアップの一角やローテーションの柱、新人王となった選手もいます。どこがどう違うのでしょうか。素材の良し悪しを見抜けなかったスカウトの目が節穴だったのでしょうか。

否、彼らもプロのスカウトマンです。その時点での評価はおそらく間違いのないものです。野球の世界では選手の能力は如実に数字が語ってくれます。例えば、高校生が小学生相手に何十本ものホームランを打ったわけではないのです。同世代の投手から打っているわけですから、その時点では最高峰のレベルにいたわけです。投手にしても然《しか》りです。

同様に、いわゆる名門校や激戦区と呼ばれる高いレベルで残した数字や実績は、それだけの傑出した能力あるゆえのものです。ネット裏のスカウトの評価がある程度一致するのは当然です。ドラフト1位は1位なりの、下位は下位なりの評価はその時点では揺るぎないものでしょう。要は入団後の伸びなのです。

では、プロ入り後に大きく飛躍する選手はどこがどう違うのでしょうか。マスク越しに多くの選手を見てきましたが、漠然とですが彼らからはある共通項のようなものが浮かび上がってきました。

第一に、超一流となる選手はとてつもない「信念」を持っているのです。入団後、まだ右も左もわからぬ高校出たての選手が、コーチに言われるままにやってみる。そのうちに一番良かった時のフォームをすっかり忘れ、自分を見失ってしまうというのはよくあるケースです。あるいは周囲のとてつもない技術の高さやパワー、スピードにすっかり自信喪失してしまう。自分がなぜスカウトの目に留まりこの世界に入れたのかという原点をしっかりと見据え、そこがぶれない「信念」を持った選手は強いものです。

驚愕のスピード

多くの人が評価していますが、その点で私にとっても、イチロー（オリックス－シアトル・マリナーズ）は特に印象深い選手でした。彼は3年目に突然、打撃開眼して210安打を打ちスーパースターになったと思われがちですが、我々審判の間ではすでに1年目から有名な存在だったのです。

関西のある若手審判が東京遠征に来た時に、こう語りました。「山崎さん、知っていますか？　今年、オリックスに鈴木一朗っていうすごいのが入りましたよ」。聞けば、高校卒のドラフト4位ながらも、いきなりウエスタン（関西の二軍リーグ）では開幕から外野のレギュラーとなり30試合連続でヒットを打ち、すでに打率も3割8分を超えている。肩も足も超一級品で、今までに見たこともないようなスピード感にあふれる選手だ、と言うのです。

１９９2年、入団した年のジュニアオールスターでは代打で決勝本塁打を放ち、最優秀選手（ＭＶＰ）の１００万円を獲得しました。この年のウエスタンでは最終的に3割6分6厘の打率を残し、もちろん首位打者にもなりました。これだけの活躍があれば、一軍首脳陣も当然、一度は二軍から上げてみたくなります。その通り夏場には昇格し、プロ初安打も打ったのですが、彼の独特のスイングを見た時に当時の監督、打撃コーチはともに「なんじゃ、これは?!」と顔をゆがめたそうです。

無理もありません。いわゆる振り子打法は当時のバッティング理論の常識からしたら、最もやってはいけないスイングそのものだったからです。大きく腰の位置が移動する、つまりスウェーすれば顔は上下動する。当然、目線はぶれて投球を捉えにくくなる。さらに体全体が前のめりになり投球を迎えに行き、走り打ちにもなっている。打撃の基本は体重を後ろ足に残し、腰の回転で打つものだ、という時代でした。さらにあんなに細身なのにバットをグリップエンドの先まで持ち、小指をそこに引っ掛けて長距離打者のようにブンブン振り回していました。

二軍レベルだからたまたま打てているだけだ、こんなバッティングは絶対に一軍では通用しない、というのが首脳陣の出した結論でした。そこで根本的な打撃改造を命じました。この足と肩を生かし不動の1番打者となるためには、バットを短く持ってこつこつとセンター前に弾《はじ》き返す、あるいはレフト方面に流し打つような打撃を心がけよ、と。

ところがここで「はい、わかりました」、と言わぬのがイチローの信念でした。少なくともこの打ち方で愛工大名電高校時代には5割以上の打率を残し、実際にプロに入ってからも4割近く打てているのです。なぜ、変える必要があるのか？　監督や打撃コーチは数年で変わってしまうが、自分は長く野球を続けなければならない、自分の打撃を一番深く理解しているのは自分自身だ、という信念です。もちろんその根拠はありました。幼少時から父親とマンツーマンで野球に取り組み、同世代の誰よりもバットを振り込んできたという自負と、それまでに積み上げてきた実績です。

翌93年もそれなりの数字は残し、一軍にも帯同していました。もちろん打法は変えず、6月の新潟県長岡市の悠久山球場では近鉄・野茂英雄投手からプロ入り初本塁打も放ちました。私は一塁の塁審に立っていたのですが、ライトスタンドに消える大きな放物線を見ながら「これが噂《うわさ》の鈴木一朗か」と、当時はうろ覚え程度に知るのみでした。

この試合からほどなくして、ついに監督は断を下しました。相変わらずバットを長く持って振り回す姿を許せなかったのでしょう。二軍行きを命じ、その年は再び一軍に呼ばれることもなく終わりました。ちなみにウエスタンではこの年も規定打席数にはわずかに足りませんでしたが、3割7分1厘の打率を残しました。2年越しではありますが46試合連続ヒットも記録しています。またオフに派遣されたハワイでのウインターリーグでは、各国の若手有望選手が集う中でMVPにも選ばれました。不本意な二軍生活でもふてくされることなく、師と仰ぐ河村健一郎コーチと黙々と振り子打法に磨きをかけていたのです。

私が初めてじっくりとイチロー選手を見たのは、翌94年の宮古島での春季キャンプでした。この年から故・仰木彬《おおぎあきら》氏が監督に就任し、登録名も鈴木一朗からイチローになっていました。評論家時代から彼の卓越した才能を見抜いていた仰木監督は、日本の球界を代表するようになるかもしれない選手が「鈴木」という平凡な登録名ではいけない、と提案したそうです。

彼のプレーには走・攻・守すべてにそれまでの球界の常識を覆すようなきらめきがあり

ました。キャンプでは毎日、彼を見るのが楽しみでなりませんでした。シートノックでは、ライトからの送球がまさに糸を引くように三塁手のグラブや捕手のミットに吸い込まれていきます。走れば、塁審の傍らを風がすり抜けていくようでした。シートバッティングや紅白戦などの実戦打撃では、おそらく8割以上の打率を残していたのではないでしょうか。凡打した記憶がまるでないのです。私にとってもそれまでに見たこともない衝撃的なプレーヤーの出現でした。

彼の活躍を確信したのは、その年のオープン戦の第1戦でした。宮古島に横浜ベイスターズを迎えての初の試合、イチローは右翼・1番で出場しました。私は球審をしていたのですが、彼の捉えた打球は右中間を真っ二つに割り転々としていきます。並みの選手ならツーベース、足が速ければスリーベースかも、という当たりだったのですが、ベースを駆け抜ける彼の足は加速するばかりで一気にホームにまで突入し、間一髪のセーフとなったのです。その常識はずれのスピードと果敢なプレースタイルに酔いしれました。

その後の活躍はもう語るまでもありません。開幕から不動のレギュラーとなり、その年には210安打のプロ野球記録を樹立しました。2010年、阪神のマット・マートンが214安打を放ちこの記録を更新しましたが、それは144試合で達成されたものであり、イチローは130試合での210安打です。以後、日本では7年連続の首位打者やMVP、盗塁王、打点王などの数々のタイトルを獲得。渡米後もいきなり首位打者となり新人王・盗塁王・MVPを獲得し、2004年には年間262安打のメジャー記録も樹立、さらに2010年まで10年連続200安打等々、すべてが前人未到の大記録といっても過言ではないでしょう。

歴史に「if（もし）」はありませんが、もしもイチローに確たる信念がなく、二軍降格後にバットを短く持ってコツコツとセンター前ヒットを狙うような打者を目指していたら…。絶対に今のイチローはありえませんでした。もちろん彼の卓越したセンスからすれば、修正後の打ち方でも3割の打率は残せたでしょうし、不動のレギュラー「鈴木」にはなれたと思います。でも、球界の歴史に名を残す「イチロー」にはなっていなかったでしょう。ひょっとしたら…、今頃はもう引退していたかもしれません。

貫き通したトルネード

トルネード（竜巻）投法で知られた投手・野茂英雄氏（近鉄―ロサンゼルス・ドジャースなど）の生き方にも強い信念を感じます。彼の投法を初めて見た時も衝撃的でした。とにかく投球時に球審の目の前に見えるのは、あのでかい尻と背中だけなのです。そこから思い切り体をひねりぐわぁーんと投げ込まれるストレートはバズーカ砲の弾のようでした。時にはそのストレートのはずが、ふっと目の前から消え、30センチも落差あるフォークになることがあるのです。とても打者は打てたものではありません。球審にとっても最も厄介な投手の1人でした。当時は予告先発もなかったので、メンバー交換後に「先発・野茂」と聞くと、皆、一様にため息をついたものです。とにかく審判にとっては最も判定に疲れる投手でした。

彼のトルネード投法はすでに高校生の頃に完成されていました。とはいえ大阪の野球無名校（大阪府立成城工業高）出身ですし、2年生の時に完全試合を達成したとはいえさほど注目されていたわけではありません。一級品なのはストレートのみで、ただ速いだけならばプロで通用するわけもなかったのです。ドラフトにかかることもなく、高校卒業後は社会人の新日鉄堺で野球を続けることになりました。

ここでもスライダーやカーブを練習してみるが、どうもしっくりと来ない。フォークだけが彼の大きな手との相性がぴったりだったようです。さらに威力を増した抜群のストレートと落差のあるフォークを武器に、ここから一気に頭角を現し全日本のエースとなりました。ソウルオリンピックにも出場し銀メダルを得ます。高校を卒業して3年後のドラフト会議では、史上最多の8球団の競合となる投手に成長したのです。

この特異なフォームには強いこだわりがあり、入団当時の近鉄との契約書には「投球フォームは変更しない」という特記条項が付け加えられていたそうです。独特の上半身の柔らかさや背筋力の強さ、強靭《きょうじん》な足腰の強さあればこそのフォームであり、この投げ方こそが自分のベストなのだという強い信念がありました。

入団以来4年連続の最多勝、奪三振王を取り、およそ2桁奪三振に関する記録のほとんどは彼が塗り替えました。当時の奪三振率は10・99という、とんでもない数字でした。

とはいえ、奪三振と同様に与四球も多いのが彼の特徴です。とにかく目いっぱいの力で投げてボールの勢いで勝負するのが彼のピッチングスタイルなのです。荒れ球となるのは必然でした。15個の三振を奪ったが16個の四球を与え、200球近く投げて完投勝ちした試合もありました。投球スタイルを見かねた監督はフォームの改造を提言します。今は若くて馬力があるからまだ通用するが、いずれは筋力も落ち体のバネも衰える日が来る。その時のためにもう少しおとなしいフォームにし、コントロールを重視したらどうか。そもそもこれだけ球数が多くてはいずれ肩がパンクしてしまうはずだ、と。

ここで「はい、わかりました」と肯《うなず》かないのはイチローと同様でした。高校時代に無名選手だった自分が今の地位を築けたのは、このトルネード投法あればこそ、だったからです。入団当初から「投球フォームの変更はしない」と契約書にも書かれていたのです。この時の監督との対立、フロントとの対立が引き金となって、わずか5年で日本球界を去り、ほとんど孤立無援の中、石もて追われるようにメジャーリーグへの挑戦となりました。多くの野球評論家が「野茂のストレートなどメジャーでは並みのクラス。通用しないさ」と、したり顔で語っていました。

しかし、アメリカではあのトルネードでメジャーリーガーたちをきりきり舞いさせ、新人王、奪三振王、2度のノーヒットノーランも達成しました。まさに日本人投手がパワー投法で世界に通用することを証明したのです。1995年、彼が大リーグ機構（MLB）のオールスターの先発投手として颯爽《さっそう》とマウンドに駆け上がって行く姿を見た時、体が震えるほどの感動を覚え、鼻の奥がツーンとなりました。その前年のストライキの影響で観客動員が大きく落ち込んでいたMLBの救世主ともなったのです。ファンは「ノモマニア」と呼ばれ、社会現象にもなりました。

ここでも「ｉｆ（もし）」はありませんが、彼があの時、監督の命令で素直に技巧派への転身を図り近鉄で投げ続けていたら、日本人メジャーリーガーの誕生はずっと後の時代になっていたことでしょう。

あの大きな体からは想像もしにくいのですが、実は彼ほどよく走る投手もいませんでした。日向キャンプ（宮崎県）では午前中のブルペンでの投げ込みを終えた後、午後から黙々とサブグラウンドでの短距離ダッシュを繰り返していた姿を覚えています。隣接するウエートトレーニング場でもよく見かけました。

そうやって鍛え上げた柔軟で強靭な足腰や背筋力に支えられたトルネード投法だったのです。これを否定することは、それまでの自分の努力を否定することでもありました。その強い信念あればこそ、日本での5年間の78勝よりも、アメリカで積み上げた12年間の123勝に価値があるのです。まさに名前通りの「英雄」です。イチローとともに日米両方の野球殿堂に入るにふさわしい選手であり、この2人の「信念」がなければ、90年代以降のプロ野球の歴史そのものも相当に変わっていたことでしょう。

余談になりますが、奇《く》しくも彼ら2人が師と仰ぐのは故・仰木彬監督でした。彼もまた一流の野球人でしたが、現役時代の成績だけを見れば決して超一流というほどではありません。福岡・東筑高校時代にはエースとして甲子園に出場しましたが、小柄だったため西鉄に入団後はすぐに投手には見切りをつけ、二塁手となりました。当時の西鉄黄金時代の写真を見ると、まさに野武士のような猛者連中の中に呉服屋の若旦那が1人交じっているようでしたが、気性の激しさでは有名だったそうです。

自身がプレーヤーとしては超一流ではなかったために、素直に自分よりも上の才能を認めることができたのではないかと察します。イチローにしても野茂にしても、相当に特異なプレースタイルを持った選手ですが、それまでのプロ野球常識を超えた彼らの才能をどこまで伸ばすことができるか、育てる楽しみを持ちながら起用し続けた度量の大きさを感じさせる監督でした。

超一流になる選手は自己管理がきっちりとできなければなりません。ちょっと活躍すれば華やかな世界ですから、色々な誘惑があります。皆、強靱な肉体を持っていますし、金もある。うまい飯をたらふく食べて、いい酒を飲んで、美女に囲まれたら、さぞや楽しいでしょう。多少、怠けても体力や技術の貯金があれば当面はしのげます。でも、そんな選手のメッキはじきにはがれます。プロの世界でいい思いをしたければ、とにかく第一線に長く居続けなければならないのです。そのためには現役中にどれだけ野球に対してストイックになれるか、ということが重要です。唯一の資本である自分の肉体を、自分の意思で守り抜くことができるか、これができる選手が超一流になるのです。

信念のアイシング

今でも思い出す象徴的なシーンがあります。読売（巨人）入団当初の桑田真澄氏の姿でした。ＰＬ学園では清原和博氏（西武―読売―オリックス）とともに1年生の夏から5期連続で甲子園に出場し2度の優勝（準優勝も2度、残りはベスト4）。投打ともに抜群の野球センスを持った傑物です。甲子園の優勝投手は大成しない、と言われていましたがプロでも通算173勝を上げましたし、まさに精密機械のようなコントロールが身上の投手でした。

高校時代の実績が抜群の彼でも、さすがに読売入団後は二軍からのスタートでした。並みいる大男たちに比べれば、まだ高校生そのものの華奢《きゃしゃ》な体つきでした。フォームには天性のばねの強さを感じさせましたが、当面は体力作りもやむなしだったのでしょう。それでも二軍戦では卓越した投球術で開幕当初からプロの打者を押さえ込み、いつの間にかローテーションの柱になっていました。

5月の第1週では完封勝ちをおさめ、翌週は群馬県高崎城南球場での対西武戦に先発しました。この試合も被安打はわずか2本、16三振を奪い堂々の2試合連続完封勝ち。小気味のよいストレートと落差のあるカーブに西武打線は翻弄《ほんろう》されていました。

その試合後のことです。地方球場ですから施設内にはたいしたスペースはありません。専用のトレーナールームなどもなく、登板後の桑田投手はアイシング用の氷で満たされたバケツを持って審判室に入ってきたのです。「すみません、ちょっとここでアイシングさせてもらえませんか」と小声で言い、なにやらブツブツとつぶやきながら火照《ほて》った右ひじを冷やし始めました。我々審判団は次の遠征地に向けて、荷物整理をしていました。球団の用意してくれたマイクロバスに営業の方やウグイス嬢とともに乗り、これから出発です。

するると、読売のマネージャーが血相を変えて審判室に入ってきました。「こらーっ、桑田！　何をやってるんだ。さっさとバスに乗れ」と。当時の週末の二軍遠征は、毎日が日替わりの開催地でした。今日の高崎が終われば、明日は長野県の軽井沢でした。高卒のルーキーは試合が終わると、汗まみれだろうが自分の着替えもせずに、すぐに球団のボールや防球ネット、先輩のバッグやバットケースをバスに積み込み、一番後ろの座席で待機しているのが常識でした。そんなこともせずに黙然とアイシングをしているのです。

「どうぞ先に行ってください。僕は後から自分でタクシーを呼んで行きますから」と彼は静かに答え、なおもアイシングを続けていました。この姿を見た時、彼は間違いなく球界を代表するエースとなり、この先20年は投げ続けるだろうと確信しました。

全体の規律を守らない、自己チューだ、と批判が出るのは当然でしょう。学生やサラリーマンならば決して褒められた行為ではありません。でもプロの投手ならば周囲から何を言われようが、これでよいのです。先輩の荷物出しをして、着替えもせずにバスに乗って待っていることよりも大切なのは、百数十球を投げて完封勝ちし火照った状態にあるこの右ひじを今、冷やすことなのです。高崎から軽井沢までタクシーで何万円かかろうと（当時の彼の年俸はまだせいぜい400万円程度でした）、このアイシングこそが今の自分には一番価値あるものだ。そこをきっちりと認識している18歳のプロ根性には恐れ入りました。

その翌週、彼は一軍に昇格しました。彼にとってはこれが最後の二軍遠征となりました。選手生活の晩年、彼は右ひじを痛め2年もの長いリハビリ期間を経て東京ドームのマウンドに戻って来ました。その時、ひじをプレートに付け野球が再びできる喜びを示しましたが、あの時のアイシングをしている姿と重なって見えたものです。

「信念」と「自己管理能力」。ともに大成するために必要不可欠なものですが、それ以上に重要なのは「努力する才能」だと思います。いかに素質に恵まれていようと、この才能がなければ絶対に超一流にはなれません。素質だけでもある程度の成績を残せるのもスポーツの世界ですが、そういう選手は長らく一線で活躍しトータルで十分に満足できる数字は残せないでしょう。

努力する才能

逆にたいした素質に恵まれなくとも、この能力があれば信じがたい成績を残す選手もいます。それが2010年4月7日、わずか37歳にしてクモ膜下出血で逝ってしまった故・木村拓也氏（日本ハム－広島－読売）でした。

彼は私にとって特別に思い入れのある選手でした。1990年の晩秋、宮崎南高校で野球部監督をしていた親友の清水一成先生から「俺の教え子がプロ野球の世界に入ることになった」と電話をもらいました。清水先生は私が卒業した北海道大学で教養部時代の同級生。文学部に上がってからも同じ国文科の専攻、さらに体育会の寮でも同じ釜の飯を食い、4年間それこそ毎日、顔を合わせていた野球バカです。所属は準硬式野球部でしたが、夢は高校野球の指導者。卒業後は故郷の宮崎で教員となり、すでに30年以上、監督・部長として球児とともに汗にまみれています。彼が初めてプロ野球界に送り込んだ選手が木村拓也だったのです。

しかし、キャンプ明けの3月に初めて拓也を二軍球場で見た時、正直言ってがっかりしました。平均でも180センチ、80キロ超の大男ぞろいのプロ野球の世界で、173センチで70キロにも満たぬ小さな体は場違いでさえありました。見るからにひ弱で、スイングには力強さがありません。3、4年でクビになる典型的な選手のように見えました。実際ドラフト外のテスト生で、1年目は支配下登録もされず二軍戦にも出場できなかったのです。

担当スカウトだった岩井隆之氏にこっそりと聞いてみました。どうして、こんな選手を採ったのですか、と。実は同じチームにいた大型のサウスポーを見に行ったのだが、とにかく明るくて元気はつらつとしたキャッチャーがいた。何か言葉には言い表せぬキラリと光るものを感じたのだそうです。

開幕後の二軍戦ではもちろん出番はなく、試合中は毎日ボールボーイをやっていました。それでも私には特別な思いがあり、会うたびごとに声をかけました。いつも元気で快活、「はい、頑張ります！」と笑顔で応えてくれました。コーチ連中にも「木村ってどう？」と何度か尋ねたことがありますが、皆、異口同音に「とにかく熱心で、食らいついてくるんですよ」と語っていました。

とかくドラフト上位の選手は優遇されるものですが、そんな拓也ですからテスト生であろうとも一生懸命さが周囲を動かします。同じ力量ならば、首脳陣はやはり必死に野球に取り組む選手を使ってみたくなる。それが人情というものです。いつしか二軍戦でも出番は増え、そのチャンスをまた彼は逃しませんでした。強肩と俊足を買われ、捕手のみならず外野手の練習も始めていました。2年目には何度か一軍に呼ばれたこともありましたが、まだレギュラーには程遠い力量です。せいぜい代走や外野での守備固めでの起用にすぎません。それでも彼の素質からすれば一軍に上がれただけでも十分じゃないかと、この時点では過小評価していました。

4年目のオフに広島へトレードになり、しばらくは会う機会もありませんでした。スポーツ紙で内野手に転向した、ということだけは知っていました。移籍2年目の沖縄での秋季教育リーグで久しぶりに会った時には体もがっしりとし、小力のある鋭いスイングを見せていました。その試合で驚いたのは彼が左打席にも立ち、まだ外野も守っていたことです。聞けばこのオフからスイッチヒッターに挑戦し、内野のみならず外野にも取り組んでいるとのこと。もちろん捕手もやっていました。「とにかく現場で使い勝手の良い選手になららなければ、僕なんか生き残れませんから」と言っていました。

確かにピッチャー以外のすべてのポジションを守れる、さらに左右で打てる、小技ができる、俊足だ、となれば監督はぜひベンチに置いておきたくなります。レギュラーでなくとも、十分にゲーム終盤でのここぞという時の戦力になるからです。いわば「すきま産業」のような選手です。

この頃になって、ようやく彼の持つ特別な才能に気づき始めました。まさに「努力の天才」なのです。左右で打つためには当然、倍の練習をしなければなりませんし、捕手から内外野すべてを一定水準以上にこなすには膨大な練習量が必要だったはずです。人の2倍、3倍でも足りないほどです。プロ入り後、1日たりともバットを振らなかった日はないでしょうし、汗をかかなかった日もないでしょう。

100の力があるのに70や80程度しか出せずに辞めていった選手が多い中、彼は間違いなく最大限の100、あるいはそれ以上を自らの努力で引き出した選手でした。野球が好きで好きでたまらない、上手《うま》くなるための練習は生きる喜びそのものだ、というタイプでした。この先、どこまで行けるかわからないが、ひょっとしたら数年後にはレギュラーを獲れるのではないかと期待が大きくふくらんできました。

以後は広島の機動力野球にぴったりとマッチしたのでしょう。力を存分に発揮しレギュラーどころか、オールスターにも出場するほどの選手になりました。オープン戦や交流戦で会うとお互いに嬉《うれ》しくて、必ずや笑顔で握手をしたものです。順風満帆な選手生活がしばらくは続き、アテネオリンピックの日本代表にまで選ばれました。

しかし2006年にマーティー・ブラウン監督が就任した時、チームは不振で大幅に若手に切り替える方針が採られました。あれだけの実績を残しながらも開幕から二軍生活が続き、もはやこれまでか、と思われました。実際、ここで気持ちが切れてユニフォームを脱いでもおかしくない状況だったと思います。

そのシーズン半ばに二岡智宏（現・日本ハム）が負傷し長期欠場を余儀なくされ、彼は当面の穴埋めとして読売へトレードされました。編成のまずさから低迷していたとはいえ、それでも巨大戦力を有する球団です。どこに出番があるのだろう、二岡が怪我《けが》から復帰すれば移籍1年目のオフにはもうクビか、と心配しましたが杞憂《きゆう》に終わりました。しぶとく、ユーティリティープレーヤーとして内外野のすべてを器用にこなし、大駒ぞろいのチームの中で異彩を放っていました。

彼と最後に会ったのは09年の夏、利府球場（宮城県利府町）での対楽天戦の二軍遠征でした。「山崎さーん！　こんなところで会うとは思わなかったですよー」とすぐにアップ中の外野から駆け寄ってきてくれました。普通、あれだけのベテランは二軍落ちしようとも、遠征には帯同せずに地元のジャイアンツ球場（川崎市）で調整をするものです。そもそも、その頃は2割3分台の打率とはいえゲーム終盤では必ず代走や守備固めにも出ていました。なぜ落とされたのか、何か裏できな臭い事情でもあったのではないかと心配し、「どうしたんだ？」と聞きました。「いやいや、絶不調ですよ」と笑い飛ばしていました。

二軍遠征でも練習中から大汗を流し、若手と同様に大声を張り上げていたことが印象に残っています。その3連戦はスタメンでフル出場しマルチ安打、左中間への大ホームランもかっ飛ばし、最短の10日で一軍に再登録されました。日本シリーズ前に現役引退を決意しながら、マスコミにはそのことを未発表のまま清水先生や親族のみに打ち明け、東京ドームに招待したのも彼らしいエピソードでした。その後のファン感謝祭で、スタンドにいる子供たちに「お父さん、頑張ったよー」と誇らしげに声を張り上げた姿は今でも忘れられません。

今、振り返れば現役19年間で1500試合以上に出場し、1000本安打も達成しました。入団当初に、誰がこの数字を予想できたでしょうか。幾多の選手を見てきましたが、私の最大の見込み違いでした。もちろん嬉しい見込み違いです。つくづくと人間の可能性というのは限りがなく、後天的なものだと思いました。

彼以上の身体的才能を持った選手はいくらでもいましたが、「努力する才能」という点で劣っていたのです。というか、この点で彼ほど飛びぬけた選手はいなかったのです。彼は「自分がなりうる最高の選手」になれたのだと思います。まさに悔いなき野球人生だったでしょう。

一番思い出深い広島の球場で、ユニフォーム姿のまま逝ってしまったのも「永遠の野球小僧」らしい最期でした。告別式後の4月中旬にジャイアンツ球場へ行く機会があ

ジャイアンツ球場（川崎市）への坂道「巨人軍への道」に飾られている故・木村拓也氏の手形レリーフ

りました。よみうりランド駅から球場まで登る坂道は「巨人軍への道」と称され、２００9年の日本一を記念した全選手の手形のレリーフが路面に飾られています。１００番台の育成選手やコーチから始まり、最後に拓也の0番がありました。そこには献花台があり、まだ多くの花束が置かれていました。拓也の手形に自分の手を合わせ、最後の語らいをしていたら涙が止まらなくなりました。

ベテランの味

楽天で活躍した山崎武司選手が２０１２年から古巣の中日に移籍することになりました。楽天では「現役を引退し打撃コーチとして若手の育成に当たってもらえないか」との打診に対し、42歳だった彼は「どうしても現役にこだわりたい」と断ったそうです。曰《いわ》く「現役を続けたい気持ちがあるのに、辞めるのは嘘《うそ》になる。心の中で火が消えなかった」と。自称しているように、まさに「ガキ大将」のような選手です。彼は35歳の時にも一度、オリックスでクビを宣告されました。それが楽天に移籍して7年間、190本ものホームランを積み上げたのはたいしたものです。

若さに任せた体力のみならず、このように気力と技術で現役生活を伸ばせる選手こそ、プロ中のプロです。若い時の勢いなど、そう長くは続きません。精進を重ねて粘りに粘り、ずっと一線で活躍できる選手は尊敬に値します。

40歳を過ぎてノーヒットノーランを達成した投手が2人いました。1人は44歳まで投げ続けた佐藤義則氏（現・楽天一軍投手コーチ。檜山管内奥尻町出身、函館有斗高卒）です。独特の「ギッコンバッタン投法」と呼ばれた投げ方は腰への負担も大きく、度々の腰痛にも見舞われましたが、引退する最後の日まで140キロ以上のボールを投げ続けました。

「自分が勝負するのは打者だ」という意識が徹底しており、球審のゾーンがぶれるのを極端

楽天・山崎武司選手（左から2人目）に退場を告げた場面。審判・山崎にとっては、これが現役最後の退場宣告
＝2006年6月19日、ヤクルト対楽天戦、神宮球場

に嫌いました。自分が投げている時には絶対に自軍のベンチから野次を飛ばさないように、と首脳陣にお願いをしていたそうです。審判も人の子、野次に動揺しゾーンがぶれることもままあるからです。そんな状況で判定されたなら自分の精密なコントロールが生きない、という判断でした。とかく有利・不利ばかりに目が行きがちですが、「正確な判定こそが自分には一番有利だ」という高いプロ意識を感じさせるエピソードです。

もう1人のノーヒッター（ノーヒットノーランを達成した投手）は47歳となる2012年も現役を続ける山本昌投手（中日）。前年は足首の故障のため二軍の試合でさえ登板機会はありませんでしたが、オフには手術を受け、リハビリに励みました。

さらにその上を行くのが工藤公康氏（西武―ダイエー―読売―横浜―西武）。選手である彼と審判の私とはプロ入りの同期です。立場は違いますが同じ年にプロ野球の世界に足を踏み入れたことで仲間意識は強く、それこそ18歳のやんちゃ盛りの頃から見てきました。入団当初は落差の大きいカーブだけが取りえで、ストレートは130キロ台のせいぜい中盤程度でした。当然、3年目の頃には各球団から研究され尽くし、プロの高い壁にぶち当たります。この年の一軍登板はわずか9試合で0勝1敗でした。

並みの投手なら「自分の力などこんなもの」と諦《あきら》めてしまうところですが、彼はアメリカでの秋季教育リーグに派遣されたことが転機となりました。そこで真のハングリー精神を感じ取り、「左投手がプロの世界で生き延びるには何が必要か」を学んだのです。生命線となるのは右打者の懐に食い込む速いストレート、そして左打者へのスライダーでした。それらを磨き、221（通算では224勝）もの白星を積み重ねてきたのです。

野球界の常識では、その投手の最速スピードは25歳の頃に記録されると言われています。彼の場合特筆すべきは、その記録を38歳にして達成したことです。148キロでした。まさに自己研鑽《けんさん》と夫人による体調管理の賜物《たまもの》で、合理的トレーニングを積めば、人間の限界など自分が思っているよりもずっと先にあるものだということを証明して見せました。残念ながら48歳となった2011年の暮れ、左肩の故障がどうしても癒えずに現役を引退することを決意しました。

とかくプロは引き際を美しく、潔く、と言われます。でも最後の最後まで諦めずに、引かない男も魅力があります。まだ球団からオファーがあり余力もあるのに、あっさりと自らユニフォームを脱いでしまった何人かの選手がいます。彼らは引退後も輝いているようにはとても見えません。タレントにはなれても、野球界では飯が食えるはずがないのです。心底、野球が好きではないからです。最後の最後まで、もがかなかったからです。

現役続行を強く願い、必死の形相でトライアウト（12球団合同の退団選手の再テスト）に挑む男たちの姿は神々しくさえ見えます。

長く続ければ続けるほど、体がきしみ心も折れそうになることがあります。それにも耐え抜いてきたベテランの不敵な顔は、真っ黒に書きつぶされている彼らの履歴書そのものなのです。

超絶技巧

プロ野球の華は弾丸ライナーでのホームランや豪速球での奪三振ショーですが、それらを支えるのはずばぬけた肉体的資質です。残念ながら170センチに満たぬ身長や60キロ台の体重では、絶対に140メートル級の大ホームランを打ったり、150キロ超の速球を投げることはできません。

でも、それだけがプロ野球の見どころではありません。とても常人には真似のできない、否、想像さえできないような高度なテクニックを持った選手も数多くいます。「嘘だろ、こんなことができるのか？」と驚いた経験がたくさんあります。

こと打つことに関して、右打者ならば落合博満氏（ロッテ－中日－読売－日本ハム）、左打者ならば前述のイチローが球界の双璧でした。ともにミートに関しては間違いなく天才でしょう。我々はプロの投手が相手でも、キャッチボールでならたいていの球は捕ることができます。かなりの速球であってもグラブでつかむことは難しいことではありませんが、この2人は腕とバットが直結し、バットの芯の部分でボールを受け取ることができるほどのレベルにありました。

1980年代前半に落合氏がロッテの若き主砲としてめきめきと頭角を現してきた頃のことです。私は川崎球場に早く出かけてバッティングゲージの中に入り、目慣らしの練習をしていたのですが、打撃投手はすべて打者の落合氏を目がけて投げ込んでくるのです。彼はそれをいとも簡単に、クルッと腰を回転させて体の前で打ち返してしまいます。万一空振りしたら、あるいはファウルでも顔や胸を硬球が直撃してしまう危険が伴うのに、1球たりとも打ち損じをしたことがありませんでした。

次には徹底的にファウルだけを打つ練習もします。並みの打者ならば打ち損ねがファウルになるのですが、彼はヒットにできないストライクならば意識的にファウルを打ち、好球だけを待つのです。だからこそあの生涯打率3割1分1厘、3度の3冠王という球史に残る成績を残せたわけです。打撃練習前のトスバッティングなどは、まさに投手とキャッチボールをしているのかと見間違えるほどでした。

特に内角球をうまく腕を折りたたんでおっつけ（バットを押し付けるような流し打ち）、バットの芯にボールを乗せるようにして運ぶ右中間への打球にはほれぼれとしました。川崎球場の狭いがゆえに高いフェンスを目がけて、棒高跳びの選手のように芸術的な弧を描かせてライトスタンドに落とすのです。それはピンポイントでの狙い撃ちそのものでした。

イチローにしても然りです。一時、無三振の連続打席記録（216打席）が騒がれたことがありましたが、「こんな記録は何の意味もない」「続けようと思えば何百打席でも続けられる」と彼は語っていました。ヒットを打つために打席に立つのであり、ただバットにボールを当てるだけなら、彼にとっては何も難しいことではないからです。ホームランを狙うならば、ボールの数ミリ下側を打ちに行って打球の角度をつけるそうです。そんな芸当までできるのですから、きっと我々の見えている150キロの体感速度は、彼にとってはせいぜい120キロ程度なのではないでしょうか。もしも審判をさせたら…数ミリ単位まで見えてしまい、同じように見える投球なのに判定にばらつきがあると言われてしまうかもしれませんね。

投手で驚かされたのは「投げる精密機械」と言われたほどの小宮山悟氏（ロッテ－横浜－ニューヨーク・メッツ－ロッテ）のコントロールの良さでした。球審として一番嫌なのはストライクの入らない荒れ球のノーコンピッチャーなのですが、彼は逆の意味で嫌がられました。コントロールが良すぎるのです。特に左打者の懐へのストレートの制球が抜群で、数センチ単位の出し入れが自由自在にできるように感じられました。ストライクと言えば甘い、ボールと言えば辛《から》い、と球審を悩ませるコースへの投球が多く、試合後は本当にくたくたに疲れたものです。

ある時、ブルペンでの投球練習後に彼から声をかけられました。「山崎さん、ストライクゾーンていうのは『平面』じゃなくて『立体』ですよね」と。その通り、ホームベースの上空と、打者の膝《ひざ》頭下部から肩の上部とベルトの上部の中間点を結ぶ空間が交接する五角形の立体内（図参照）を一瞬でも通過すればストライクなのです。ですから、その空間の前部でも後部でもよいわけです。

自分はそのゾーンの前後さえも意識して投げ分けているのだから、審判の方々もきっちりとそれを認識してほしいという要望でした。例えば落差のあるカーブならば高めでは後方のゾーンへ、低めでは前方のゾーンを狙って投げると、たいていはボールと判定されてしまうと指摘します。さらに、自分は右打者へのスライダーで外角を狙うならベースの左先端のゾーンを、のけぞらせる内側の球ならば右最後方のゾーンの角を狙って投げているのだ、とも言いました。恐れ入りました。

凡人でも5メートル先ならば、だいたいは狙った所へボールを投げられます。彼にとってバッテリー

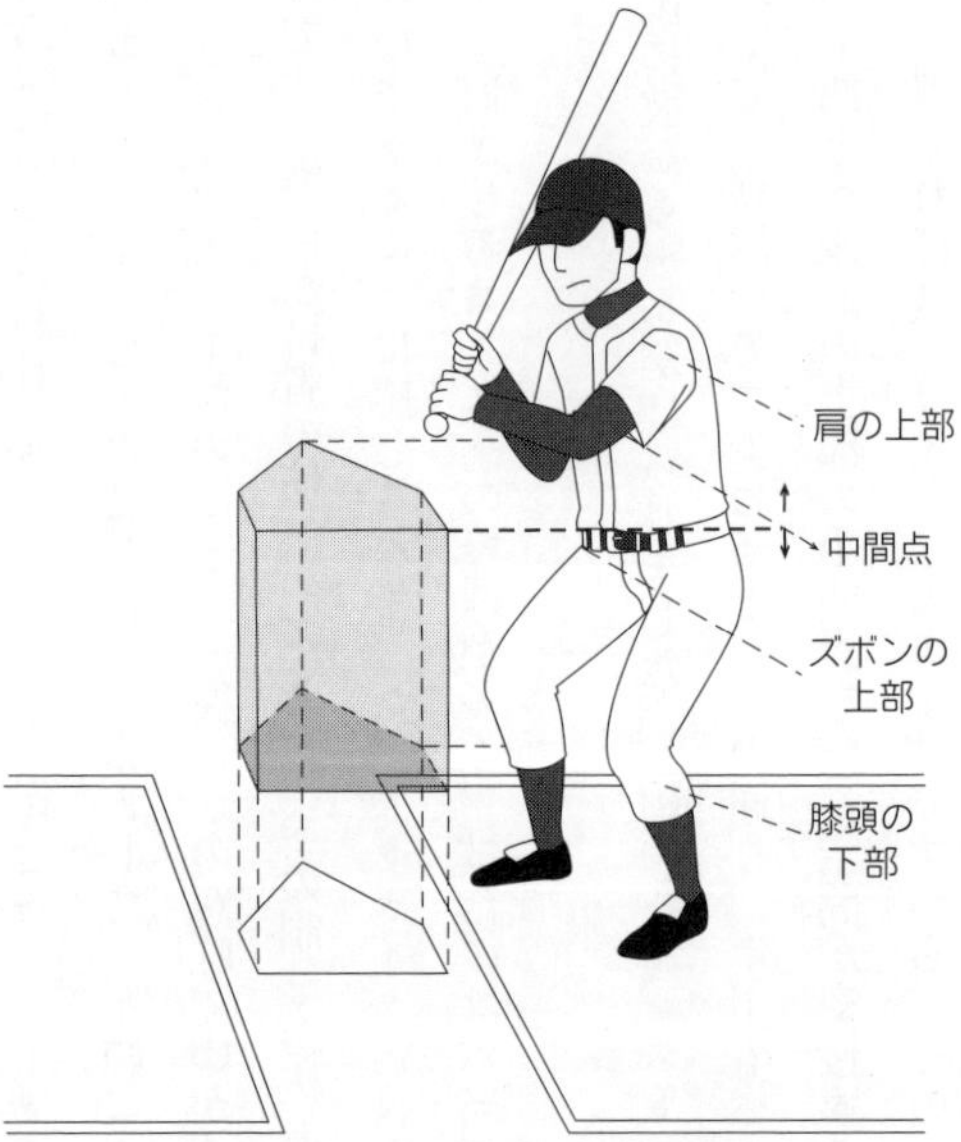

ストライクゾーンは五角柱

間の18・44メートルはせいぜいその程度の距離だったのではないでしょうか。

選手のみならず一芸に秀でたコーチもいました。西武黄金時代を支えた伊原春樹（元オリックス監督）、鈴木康友（現・楽天守備走塁コーチ）の両氏でした。当時の西武は走塁の上手さと大胆さが大きな武器でしたが、ともに癖盗みの名人と噂されていました。野手にしても投手にしても、なくて七癖というのがあり、本人は無意識ながらも些細《ささい》な所作に出てしまうのです。

ある時、一塁側にいる鈴木ベースコーチが小さな声で走者に「Ｇｏ！」と言っているのが聞こえました。すると、走者は投手が動いた瞬間にスタートを切るのです。もしもそれが牽制《けんせい》の初動だったらまんまと引っかかるのに、牽制球が来ることは絶対にありませんでした。逆に「Ｂａｃｋ」とつぶやけば、全て牽制球でした。

あまりにも皆がいいスタートを切るので、イチかバチかのヤマ勘で走らせているのか、と尋ねてみました。ニヤリと笑って「企業秘密」と答えるだけでしたが、さらに追及すると、「実は完璧に投手の癖がわかっている」というのです。

例えば投球する時ならば、少しだけ顔が打者方向に向くので帽子のつばが3分の1ほど見える。逆に牽制するならば、重心がやや後方にあるので、ユニフォームの尻の右側のしわが多めに見える等々でした。2人でスタッフルームにこもり何百回もビデオを見て、その微妙な違いを見つけ出したのだとか。プロの世界、恐るべし。

快速球と豪速球

よくファンの方から「誰のボールが一番すごかったですか?」と尋ねられることがあります。幾多の名投手がいますが、ことストレートに関しては故・伊良部秀輝氏(ロッテ―ニューヨーク・ヤンキース―阪神など)が圧巻でした。まさに異次元の、うなりを上げるような豪速球でした。明らかにボールの質が違ったのです。

おそらくボールの握りによる回転方向とか、指先のかかり具合による回転数の差異だと思うのですが、投手は大きく分けて快速球系と豪速球系に分かれます。

前者の代表には江川卓氏(読売)とか郭泰源氏(西武)、西崎幸広氏(日ハム―西武)、阿波野秀幸氏(近鉄―読売―横浜)、現役では由規(ヤクルト)などがいます。球筋がきれいで、低めは糸を引くように、高めはホップするように感じられます。例えれば、目いっぱいに張られた弦から放たれた弓矢がビューンと飛んでくるような球道です。

後者は伊良部氏を筆頭に野茂英雄氏、現役では松坂大輔、ダルビッシュ有、田中将大らがいます。一言で言うならば威力のある「強い」ボールなのです。手元でズドーンと来るような、バズーカ砲から飛び出してきた弾丸みたいな球道です。当たり所が悪ければバットはへし折られてしまいます。

伊良部氏のストレートは弾丸ではなく砲丸のようでした。同じ145グラムの公認球なのにとてつもない重さを感じさせたのです。あの巨漢（193センチ、100キロ超）ですからマウンドがやけに近く見え、独特の小さなテークバックからひじが柔らかくしなり投げ込まれるや、瞬時に目の前にボールが飛び込んできます。体感速度は優に160キロは超えていました。そこに140キロ台後半のフォークボールを交えるのですから、打者はそうそう打てるものではありません。清原和博氏がそのストレートを「駅のホームで、自分のすぐ脇を新幹線が通過していくみたいだった」と評したのは、言い得て妙でした。

渡米前のロッテ球団との退団を巡るトラブルや、ヤンキースタジアムでのファンへの唾《つば》吐きかけ事件などですっかり悪役キャラクターのイメージが定着してしまいましたが、根は本当に純粋で繊細な青年でした。沖縄出身者特有のシャイで自己表現の苦手なタイプで、口数も少なく周囲から誤解を受けることも多かったのか、と思います。全盛期は短かったけれど、プロ野球史上に残る怪物だっただけに、残念な最期でした（２０１１年７月27日にロサンゼルスの自宅にて自死）。

ちなみに最も遅い速球（？）を投げたのは星野伸之氏（旭川工業高－阪急＝オリックス－阪神）でした。最速１２８キロのストレートといえば高校生でも平均的スピードかもしれませんが、これに90キロ台の大きなカーブと１１０キロ台のフォーク、１００キロ台のチェンジアップを交ぜ合わせると化学反応を起こすがごとく、その遅球が１４０キロ台後半にも見えてしまうのです。

球筋がきれいでコントロールも良いけれど、バッターからすると非常に見にくい投手でした。腕を後方で小さくたたんで投げるので、頭の後ろから突然ボールが出てくるように感じられるのです。その上、初速と終速の差が小さく、見た目以上のスピード感がありまし

投手板と本塁の距離

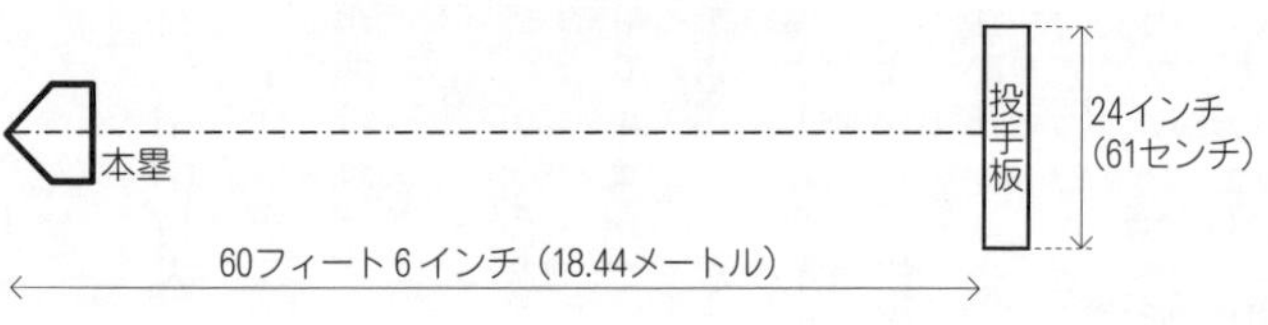

た。バッターは普通、初速で判断してタイミングを合わせて打ちにいきます（バッテリー間のほぼ中間点で決めます）から、終速があまり落ちないと差し込まれて凡打に終わってしまうことが多いのです。128キロのストレートでもエース格の投手として君臨し続けることができたのは、そのためでしょう。パシフィック・リーグの強打者たちが振り遅れ、「速いなぁ…」とつぶやくのを何度もマスク越しに聞きました。

コラム　19奪三振

一軍公式戦ではノーヒットノーランに3回、現場で立ち会いました。１９９０年に日本ハム・柴田保光氏、96年に西武・渡辺久信氏、２００６年にヤクルト・ガトームソン氏が達成した試合です。ただ、最も印象に残っている記録は1試合19奪三振の日本記録の試合です。私が球審を務め、球史に残る奪三振ショーを目の当たりにしました。

１９９５年4月21日、千葉マリンスタジアム（現ＱＶＣマリンフィールド）のロッテ対オリックス戦でのことでした。この日は幕張の海に面したセンター方向から常時10メートルほどの強風が吹いていました。この球場では海からの風がネット裏の高い壁に当たり、フィールド内では逆に投手にとっては向かい風となるのです。先発はロッテ・小宮山悟氏、オリックス・野田浩司氏でしたが、両投手ともこの向かい風に投球が影響を受け、面白いように打者の手元で変化しました。

特に野田投手の高めのストレートはフワッと浮かび上がり、スライダーはとてつもなく曲がり、フォークは1メートルも落ちるようにさえ感じられました。元々、彼のフォークは「お化け」と評されるほどの切れ味があり、奪三振の多さには定評がありました。当時の1試合17奪三振の日本記録保持者でもあったのです。

この試合では初回からいきなり6者連続三振を奪い、四回で早くも2桁の10個となりました。五回は3者三振で、このイニング終了時点で15個のアウトのうち13個が三振という超ハイペースです。この頃から両軍ベンチともに、球審の私が「ストライク!」とコールするたびに異様なざわめきが起きるようになってきました。こちらも薄々、「やたらと三振の多い日だなぁ」とは感じていました。ツーストライクに追い込まれると、打者は必死になって当てにきましたが、バットはむなしく空を切るばかりでした。六回にも一つ、七回はまた3者三振。八回に入る時に捕手だった中嶋聡（現・日本ハム）が「山崎さん、もう17個取りましたよ。次の三振で日本新記録ですからね」とささやいてきました。

名手・イチローがライトへのファウルフライを強風の影響で落球したものの、その打者は結局三振。一塁手の藤井康雄もファウルフライを落球したのに、これまた次の投球で三振に仕留めるという幸運も重なりました。八回に18個目の三振を奪い、この時点でついに日本新記録を樹立。後は九回を抑えきれば1対0での完封勝利目前でした。

ところが、九回1死一塁から平井光親にセンターオーバーの三塁打を食らい、同点に追いつかれてしまったのです。2死後、平野謙からフォークで19個目の三振を奪いましたが、この時点で投球数は162球。延長十回のマウンドはリリーフに託しました。結果、オリックスはその回に2対1でのサヨナラ負けを喫し、野田は19奪三振の1失点ながら勝ち投手にはなれませんでした。見逃しの三振はわずか二つだけ、あとはすべて空振りの完璧な奪三振ショーでした。

ちなみにこの試合では小宮山投手も10個の三振を奪い、両軍合わせて29三振は今でも日本記録として残っています。歴代2位は2011年8月27日に楽天・田中将大投手が対ソフトバンク戦で奪った18個です。

メジャーでの記録はロジャー・クレメンス（ボストン・レッドソックスなど）、ケリー・ウッド（シカゴ・カブスなど）、ランディ・ジョンソン（シアトル・マリナーズなど）らが達成した20個ですが、マイナーでは9回27奪三振でノーヒットノーランという信じられないような試合（1952年）もあります。

II　奥深き判定の世界

イリオモテヤマネコより希少種

日本野球機構（NPB）の審判部には2012年のシーズン入り時点で、総勢62人の審判部員がいます。内訳は審判長が1人、現役審判員が56人、審判技術委員が5人。居住地区で分けるなら関東に37人、関西に25人です。日本国民は1億2800万人なので、単純に計算するなら200万人に1人という稀少人種です。絶滅の危機にあるライチョウでも約3000羽、イリオモテヤマネコでさえ100匹はいるのですから、プロ野球審判はなかなか身近にお目にかかることもない存在でしょう。

かつては審判部もセントラル・リーグとパシフィック・リーグに分かれており、それぞれに審判部長がいましたが、10年のシーズンからNPB審判部として統合されました。この年はまだセ・パ担当の審判として区別されていましたが、11年からは完全に統合され、担当試合の区分もなくなりました。ですから旧パ・リーグの審判が東京ドームや甲子園に出かけますし、その逆に旧セ・リーグの審判を札幌ドームや福岡ドームで見かけることも多くなりました。ただ、すでに05年から交流戦も始まっていましたから、その移行は思ったほどの混乱もなくスムーズに行われました。一般に「セは広め、パは狭め」と言われていたストライクゾーンやハーフスイング、ボークの判定基準の統一化も、まずは順調に行っているのではないでしょうか。

審判長（現在は元セ・リーグの井野修氏）と技術委員はいずれも現役を引退した者が就きますが、いわゆる背広組です。審判長は文字通り、審判部のヘッドとして公式戦の割り当ての作成から人事全般、査定まで多くの業務をこなします。通常の一軍公式戦の試合視察はもちろんのこと、二軍の試合も見に行き、そこで若手指導に当たることもあります。有望な若手がいれば早期の一軍昇格もありえますが、まずは最低でも4年から5年は二軍での研修期間となるのが一般的です。

彼らの修業時代を支えるのが審判技術委員（かつては指導員と呼ばれていました）です。主な仕事は若手審判の育成。ほぼ毎日、二軍球場に出かけ、ネット裏に座ってジャッジの正確さ、見る位置（距離や角度）などが適切であったか等々をチェックします。もちろん試合後には反省会を開き、今後の課題を与えます。関東に3人、関西に2人配置されていますが、皆それぞれに豊富な経験がありますから、判定技術のみならずトラブル対処の仕方、グラウンドでの監督や選手との駆け引きなど「プロの秘伝」とも言うべき、マニュアルにはないテクニックを教えるのも大切な仕事なのです。

「攻め」のジャッジを評価

ジャッジには「攻め」と「守り」の2種類があります。例えばストライク・ボールやアウト・セーフは今、自分の目の前で頻繁に起こっているプレーに対して判定するのですから、ある意味で受け身の「守り」でいいのです。すべてを見たままに手を上げたり、広げたりすれば良いのですが、ボークやインターフェア（守備妨害）、オブストラクション（走塁妨害）、退場などは質が違います。自分で勇気を持って見つけ出していかなければならない「攻め」の判定です。

これには非常に積極性が必要ですし、注意深く見ていなければなりません。普段から十分に準備をしていないと瞬時に判断できません。適用を誤れば大トラブルにも発展しかねないし、まさにプロの審判としての力量を問われる難しさがあるのです。この種の「攻め」のジャッジを下す決断力・判断力に秀でた審判こそが高い評価を得られます。

個々の人間性を高めることも大切なことです。対外的にはプロ野球の審判は社会的なステータスが非常に高いと思います。この世界にいるというだけで注目され、例えば各地の審判講習会に講師として招かれたり、会合や宴席ではスピーチを頼まれたり、ということが多いものです。ただし、それはあくまでも地位に対する敬意があればこそであり、人間の上下関係などでは決してありません。そこを勘違いして、例えばアマチュア球界や独立リーグの方々に対して傲慢《ごうまん》な上から目線の言葉使いや粗野な振る舞いを決してしないよう、常に自分はNPB審判部の看板を背負っているのだ、という意識を持たねばなりません。そういった意味で、遠征時や公式の場に立つ時にはジャケットを着用し、襟元にはNPBのピンバッジを付け、必ず名刺を持つよう全部員が心がけています。

また自分がそうだったように皆が皆、順調に育つわけではありません。壁に当たっている若手審判の精神的なフォローも技術委員の大きな仕事です。私に与えられた任務は、この点で一番期待されているのかもしれません。縁あってこの世界に入ったもの同士、何とか皆が一軍に昇格し、審判という仕事の喜びややりがいを感じ取ってもらいたいと切に願っています。

この審判長を含む6人が密接に連絡を取り合いながら関東と関西での指導方針にぶれがないよう調整し、次世代を担う審判を育てているのです。

現役審判員56人の年齢は21歳から54歳までで、ほぼ全員が元高校球児です。甲子園に出場した者も数多くいます。元プロ野球選手は現在、3分の1に相当する18人で、以前に比べれば大幅に減りました。門戸を開放しているのですが、審判の苦労を間近で見ているせいか、やってみたいという声を選手から聞くことはあまりありません。

採用基準に175センチ以上という条項があるため、大男ぞろいです。平均身長で180センチ、体重は80数キロといったところでしょうか。

俊敏な動きや基本的な体の強さは必要不可欠です。そのためのトレーニングは毎日、各自で行っています。デーゲームならば早めに球場に来て外野近辺でアップを、ナイターでしたら午前中に近所のジムやジョギングでひと汗流す、というパターンが多いようです。

選手は試合の半分はベンチに座っていることができます。しかし、審判は一度試合が始まってしまえば、春先の小雪の舞うような時でも夏場の炎天下でも、3時間以上立ち続けなければなりません。いかに調子が悪かろうが、フルイニング出場が原則です。仕事の資本は体一つだけですから、手入れは欠かせません。トレーニングとともに休養も重要ですし、それぞれに栄養補給や整体、マッサージにもお金と時間をかけています。当然、食事面には気を使います。料理自慢の奥さんが多いですし、キャンプや遠征時では栄養のバランスを考えつつ食べています。球審の前夜には生ものは絶対に食べない、という審判もいます。ベテランになればなるほど、体調管理は重要になります。

一軍公式戦の現場を仕切っているリーダーの審判はクルーチーフと呼ばれます。いわゆる「責任審判」を任されることが多く、雨天時の試合続行の判断やビデオ判定の決断、場内放送、トラブル時の報告書作成の最終責任などを任されます（現在は11人）。通常はこのクルーチーフを1人ないし2人含む5人態勢（球審1人に塁審3人、控え審判1人）で一軍の6試合を裁きます。ですから一軍枠は5人×6試合で30人ということになりますが、アメリカのように完全固定クルー制ではありません。二軍で経験を積んだ若手も適宜、そのメンバーに入れるので構成は流動的です。

二軍戦では控え審判などおらず、通常は3人制か4人制で行われます。一軍同様に責任審判が置かれ、そこでリーダーシップを磨くことも重要な課題です。社会人や大学などとのプロアマ交流戦では通常プロ2人、アマ2人という4人制で行われます。

モデルケースとしては、20代前半で審判の世界に入り5年目まで二軍で修業、その後6年目から10年目の間に一軍でのチャンスを与えられる。ここできっちりと良い仕事をして順調に育てば11年目以降に一軍レギュラーとなり、以後、定年の58歳まで務め上げる。こうなれば理想的です。

とはいえ、現実はそう甘くありません。実は審判も選手と同様に個人事業主で1年契約の身なのです。プロですから当然、実力なき者は去れ、という厳しさが待っています。技術がいつまでも身につかなければ契約解除（クビ）となります。その年の10月末日までに「契約更新通知」がNPBから届かなければ、自動的に審判界からの「退場！」となるのです。

想像超える重圧

自ら退場してしまう者も多くいます。想像以上に強いプレッシャーが与えられる仕事で、ぎりぎりの精神状態で一生懸命頑張っているのに報われない…。そんな時に大きなトラブルに出会い、球団やマスコミから徹底的に叩《たた》かれ、ついに心が折れてしまう。シーズン半ばにして辞表を出した先輩もたくさんいました。

他にも辛《つら》い話ですが、私は29年間で3人の現役審判の死に出会いました。亡くなった原因は胃がん、脳梗塞《こうそく》、そして心筋梗塞。いずれも40代の働き盛りでした。特に2006年に心筋梗塞で倒れた元セ・リーグ所属の上本孝一君（享年43）は、前日まで元気いっぱいにグラウンドに立っていたのです。

ナゴヤドームでの試合を終え夜遅くに自宅に戻り、疲れた様子で床に就いたそうです。翌朝、奥さんが起こしに行くとすでに息絶えていました。

彼と私とは同世代であり、リーグは違っても若い頃は二軍のトーナメント大会やオープン戦などで何度も一緒に同じグラウンドに立ちました。元は広島の捕手で、人懐っこい笑顔と100キロを超す巨漢で圧倒的な存在感がありました。豪放磊落《らいらく》に見えますが、実は人一倍細やかな神経の持ち主で、自らの不手際でトラブルを起こした時などは、試合後に悔し涙を見せるほどの熱血漢でもありました。

因果関係ははっきりしませんが、審判という仕事のストレスが心身をさいなんでいたのは間違いないでしょう。

他にも健康上の理由で退職を余儀なくさせられた方が数多くいました。心臓疾患や内臓疾患、腰痛、膝《ひざ》痛、視力異常、心身症等々…。グラウンドではつらつと走り回っている姿を見れば健康そのものに見えても、実は多くの審判が心身の不安を抱えています。それほどにストレスが大きい仕事なのです。

定年までこの仕事を続けられる審判は半分にも満たないのが現状です。選手と違って契約金はありません。サラリーマンと違って退職金もありません。一軍レギュラークラスの審判となれば、出場手当てを含めて年俸は1千万円を超えるようにはなります。しかし、怪我《けが》や病気をして休んでしまえば、出場手当ては1円も支払われません。現役引退後にもらえるはずだった野球年金（年額１４２万円で55歳以降生涯支給）も２０１１年5月に解散しましたし、こと「お金」に関心を示すなら、それほど魅力的なプロの仕事とは言えないでしょう。ただ、私にとってはそれ以上の喜びや興奮を与え続けてくれました。まさに男子一生を懸けるに十分に値する仕事でした。

試合を裁く喜び

その魅力とは何でしょうか。それはまず、大観衆の前で自分の右腕一本がすべてを決める権限を与えられていることです。２死満塁フルカウントからのこの1球、「ストライーックー！」。三遊間奥深くから矢のような送球、ランナーが必死の形相で一塁へ駆け込む、「ヒーザウト！」（He is out）。ジャッジの前にある誰もがかたずをのむ一瞬の静寂、それをつんざく自らのコール。その直後に沸き上がる大歓声には心底しびれました。まさに今、自分のこの右腕が試合を仕切っているのだ、と実感できます。

また、相手がいかに超一流の選手といえども、ことグラウンド内では審判は対等、あるいはそれ以上の立場にいるのです。彼らがジャッジをして試合が進むのではありません。イチローだろうが、ダルビッシュだろうが、彼らがストライクやボールを決めることは絶対にできません。「プレーボール」の声がかかれば、20代の若手審判の判定にも従わざるをえないのです。そして、その判定に対して彼らから不満の意を示されたり、暴言を吐かれたなら「退場！」とコールしても構いません。臆《おく》することも卑屈になることもありません。堂々と振る舞ってこそ、審判の存在意義を示せるのです。

さらに野球人として、その時代のプロの最高級のプレーを最も間近に見られる喜びがあります。球場内で最高の特等席にいるのです。野茂のフォークや伊良部の豪速球、イチローのレーザービーム、カブレラ（西武－オリックス－ソフトバンク）の超特大ホームラン、松坂の消えるスライダー、ダルビッシュの高速変化球などなど、新潟の田舎で生まれ育ち、大学で補欠選手だった身には一生、無縁のはずでした。それがたまたまこの審判のユニフォームを着ていたからこそ、目の前で見ることができたのです。そして「10・19」（1988年10月19日、川崎球場での優勝の行方が懸かったロッテ対近鉄のダブルヘッダー）を始めとする多くの名場面、名勝負にも立ち会うことができました。野球人として、これ以上の喜びはありません。

審判の1日&1年

審判なんて1日に1試合しか出ないし、シーズンオフは丸々3カ月以上あるし、シーズン中だって月曜日は試合がないわけだし、さぞや暇なんだろうなぁと思われている方も多いでしょう。確かにサラリーマンに比べれば勤務日数は少ないですし、実質の労働時間は1日に3時間程度です。とはいえ、それほどの怠け者でもありません。

シーズン中の審判の1日の過ごし方を紹介しましょう。ナイターですと人にもよりますが、起床は大体午前10時頃、というパターンが多いようです。スポーツ紙に目を通しながら朝食兼昼食を取り、その後で軽く散歩。あるいはスポーツジムなどへ行ってひと汗流す。疲れがたまっている時ならばマッサージや整体治療に出かけたりもします。多くの審判が腰痛や肩こりに悩まされているのです。体のケアは年間を通して欠かせません。

球場に入るのは大体試合の2時間前ですが、練習をしようと思うならば3時間前には行きます。ですから自宅を出るのは午後2時か3時ごろになります。練習ではブルペンで数日後に先発する予定の投手のピッチングを見たり、バッティングゲージに入って目慣らしをします。それからシャワーを浴びて汗を流し、軽食をとります。各球場にはそれぞれに名物の定食や麺類があり、それで腹ごしらえをしますが満腹は厳禁です。集中力が落ちるからです。試合前に濃い目のコーヒーを飲み、いざ出陣!!

試合後には必ず出場メンバーで反省会をし、微妙な判定があった場合には審判控え室でビデオを再生し、論議をすることもあります。万一、大きなトラブルや退場などがあればすぐに報告書の作成にも取りかかります。ですから帰宅するのは、どんなに早くとも夜の11時か0時近くになります。その後、スポーツニュースなどを見ながら晩酌をしてひと息つくので、寝るのは間違いなく朝方。それに付き合う奥様方の苦労も大変です。もちろん子供たちは寝ていますし、朝も早くから学校に行きますので、自宅にいながらもしばらく子供の顔を見ていないなぁ、家庭内単身赴任だよ、なんてぼやく審判も数多くいます。

デーゲームだと、このサイクルが5時間ほどずれますので、軽い時差ボケ(?)のようにもなります。とはいえ、それに対応できないようではプロ失格、それぞれにベストの状態で臨めるよう体調管理をしています。

さて、1年のサイクルで見ますと「球界の元日」は2月1日のキャンプ初日と言われていますが、審判はそれよりもう10日ほど早く「元日」を迎えます。東西に分かれて、神宮と甲子園で合同トレーニングが始まるのです。ここで体力強化と基本動作の反復練習をして、選手同様に1月末日にキャンプ地入りです。

2月はいわば仕込みの時期ですから、毎日ブルペンで何百球もボールを見てから紅白戦などにも出場し、実戦感覚を取り戻します。3月は最も忙しい時期で、若手もベテランも1日の休みもなく球場に出かけてオープン戦や教育リーグに出場し、さらに練習をこなします。迫り来る開幕に向け、全員がとても休む心境にはなれないのです。そしていよいよ開幕。スリルとサスペンスに満ちた怒濤《どとう》の日々の始まりです。

一軍レギュラーメンバーですと大体4カード（計11試合から12試合）ほど連続出場した後は1カード（3日間）の休みが与えられます。ローテーションは反時計回りで一、二、三塁の塁審と務めた後、球審を担当。翌日は控え審判でまた一塁から、というパターンです。その繰り返しなのですが、若手を起用する場合には変則的な割り当てとなることもあります。まだ二軍戦がメーンの若手は、試合がない日は一軍戦を見学するので、シーズン中はほぼ休みはありません。

ちょっとひと息つけるのがオールスター休みです。ほんの3、4日ばかりですが、出場審判以外は田舎へ帰ったり、子供と海へ出かけたりと、しばしの家族サービスもできます。

その後はいよいよペナントレースの正念場を迎え、いっそうハードな日々となるのです。大きなトラブルは疲れがたまってくる夏場のこの時期に頻出しますし、各チームの最終順位も絡んできますので緊張感も高まります。以前はクライマックス・シリーズがなかったため、シーズンの終盤はいわゆる「消化試合」もままありましたが、現在はほぼ皆無です。130試合制だったのが144試合制となり、さらに10月からは2度のクライマックス・シリーズ（ファーストステージとファイナルステージ）、日本シリーズ、それが終わればアジアシリーズもあります。若手はほぼ全員が10月に宮崎で行われる3週間のフェニックスリーグ（二軍の教育リーグ）に派遣されます。

全審判員がシーズンオフを迎えるのは11月も下旬となるのが実状です。とはいえ、年間を通した様々なトラブルの反省会やルール勉強会もありますし、健康診断、契約更改、球界の催し物への参加等々で、本当に審判部のスケジュール表が白紙になるのは12月も半ば過ぎです。選手同様、ここで怠けていたら次季の一軍の保障はないのですから、毎日のトレーニングやルールの勉強も欠かせません。プロは現役引退するまではシーズンオフなどない、という覚悟が必要なのです。

動体視力を鍛える

審判の仕事は何と言っても「見る」ことですから、もちろん皆、視力は抜群です。ただ、見るといっても対象は静止しているのではありません。「動体視力」が重要なのは当然でしょう。検査した眼科の医師が審判部全体の平均値の高さに驚いていました。１５０キロで投げ込まれるストレートや視界から消えるような鋭いスライダー、すとんと落ちるフォーク、素早いグラブさばき、足の運びなどを見るのです。他にも一瞬のうちに駆け抜ける走者と送球とどちらが早いかを、50メートル以上も先のフェンス際の打球が跳ね返った個所を、あるいはポール上空を通過した打球がポールの延長線のどちら側を通過したかを見極めてジャッジしなければならないのです。一般人よりも飛び抜けて高い動体視力がなければ務まりません。

一口に「見る」といってもその場面、場面で使う動体視力の機能は全く違うのです。例えば投球判定でしたらボールを追いかける追跡視力、塁上でのプレーでしたらカメラのシャッターを押して捉えるような瞬間視力、打球に対してははるか遠くを見極める遠見視力、ボールの上空を通過する打球でしたら空間の前後を識別する深視力、プレー全体を見通して走者の位置などを確認するには視界の四隅まで見渡す中心外視力、といった具合です。

すべての基本は、頭を動かさずに眼球だけを動かして見ること。これをトラッキング・アイ（Tracking eye）と言います。Trackとは追跡する、という意味ですが、頭が上下左右にぶれている状態では、目で見た情報が正確に脳に伝わらないのです。とかくものを見る時には頭全体を向けてしまいがちですが、見る瞬間だけは必ず静止状態を作らなければなりません。

それぞれにトレーニング方法があります。数字を書き込んだボールでキャッチボールをしてそれを読み取るとか、乱数表（ハートチャート）の数字やアルファベットを順番に目で追う、人差し指を前後に大きく動かし瞬間のうちに焦点を合わせる、5円玉で振り子を作りそれを両目で追う、運転中にすれ違う車両ナンバーを瞬時に読み取る、などです。他にも、写真のようにムーバルビジョンという4万円ほどするアイトレーニングの器材もあります。それらを複合的に組み合わせ、動体視力の向上に努めています。プロ野球審判が抜群の動体視力数値を誇るのも、日々のこんな努力あればこそなのです。

動体視力は若ければ若いほどその数値は高く、年齢とともに衰えるものです。とはいえ、トレーニング次第では向上させることができますし、若い頃のレベルを維持することもできます。そのトレーニングに励んでいる審判も数多くいます。

私は40代前半の頃、急激な視力の低下を感じるようになっていました。特にナイターですと、選手の背番号の3と8、あるいは6と9の区別が付きにくくなっていました。調べると裸眼での視力が0・8程度に落ちていたのです。さらに素早いプレーへの反応が遅れ気味で、どこか焦点が合っていないような不安も感じていました。そこで名古屋にある民

動体視力を鍛える特殊な道具
「ムーバルビジョン」

間の特別視機能研究所の内藤貴雄先生の元を訪れ、指導していただきました。先生の研究所にはプロ野球選手はもとより、プロボクサーや体操選手、騎手なども訪れており、皆、確かな成果を上げていました。

余談ですが、若い頃はよく「球を見る練習に行ってくる」と言ってパチンコにも出かけました。が、これは目先の勝負に目がくらんでしまい、何万球見てもさっぱり練習にはなりませんでした。

難しいハーフスイング

数あるジャッジのうちで、ハーフスイングは最も難しい部類に入るでしょう。とにかくどれ一つとして同じものがないからです。よって、審判部全体の平均的基準からどれだけ逸脱しないか、が重要になります。

見るポイントは三つあります。①バットの先端と投球に「接点」（バットと球筋が重なり合う瞬間の可能性）があったかどうか　②打者がバットをコントロールできていたか　③投球を打ちにいったのかどうかです。

①については、例えば低めの投球に対してリストの強い打者は上に振り上げるようにしてスイングを止めることがあります。この場合、バットだけ見ればスイングはしていますが、投球との接点がないからノースイングになります。とはいえ、これが斜め上方に流れれば接点ができますからスイングを取られます。

②については、バットを止めていてもその余勢でフワッとバットが前に出てしまえばスイングです。自分の腕でバットをコントロールできていなければ、たいていはスイングを取られます。

③は例えば胸元に投球が来た場合、打者は当然避けます。その時の体のひねりとともにバットが回転することがあります。バットだけ見ればスイングをしていても、これは投球を打ちにいったとは言えません。スイングとはあくまでも打ちにいったものだけですから、これはノースイングです。

ことハーフスイングに関しては、ビデオで再度見ると、大体は振っているものが多いようです。肉眼では振り戻したバットが最終の残像として残りがちですが、機械の目はバットの出た最先端の瞬間をきっちりと捉えています。よって、「どちらかな？」と迷ったなら「スイング！」と判定した方が、リプレー映像で検証する場合となると強いのです。近年、ハーフスイングの判定が打者に厳しいと感じられる野球ファンも多いようですが、こんな裏事情もあります。

なお、ハーフスイングについては塁審の下した判定が最終のものとなり、抗議は一切認められません。監督が異議を唱えるため一歩でもベンチを出れば、即、退場となります。また守備側は、球審が「ノー」と判定した場合にだけ、塁審にそれが正しいかどうかを求めることができます。逆の要求は不可です。つまり、ノースイングをスイングに変更することはできますが、スイングをノースイングにすることはできません。球審がスイングと判定したなら、それが最終ジャッジとなります。

捕手とのかけひき

審判は思い込みを絶対にしてはならず、次の投球がどのコースへ何を投げられるか、などと考えることはありません。常に投じられた球を素直に見るだけです。捕手のリード云《うん》々《ぬん》を意識することはほとんどありません。

ただ見逃し三振には、打者がボールと見極めたのに球審がストライクと判定した、あるいは打者が裏をかかれてしまい手が出なかった、という二つのケースが考えられます。後者が多いのなら、それは捕手のリードが冴《さ》えていた、ということでしょう。

また打者はわずかながらも気配により、捕手が内角に構えているか、外角かを察知することができます。それを逆手にとって、いわゆる「逆球」を要求することがままあります。

逆球という言葉は、普通は投手が自らの意図とは全く違った方向に行ってしまうコントロールミスの時に使いますが、バッテリーの意思でわざと捕手の構えたコースと反対に投げる場合も指します。ある捕手は頻繁にこの手を使ったものです。試合前に「山崎さん、僕は逆球をわざと使うんですからよろしく頼みますよ」と言われたことが度々ありました。

捕球技術に関しては、「ミットが流れる」（球威に押されミットが球筋の方向に動く）とボールに見えてしまい、判定しづらいものです。ピタッと捕球地点で止めてもらえるのが最善です。それもやや前方で、特に低目はつまみ上げるように捕ってもらえると見やすいものです。この捕球技術では古田敦也氏（ヤクルト）はピカイチでした。

最悪なのは捕手が球審と喧嘩《けんか》してしまい、険悪になることです。こうなれば、審判も人の子、意地を張ることもありますし、お互いにプラスにはなりません。私が若い頃、ある急成長中の若手捕手と試合中にストライクの取り方をめぐり大喧嘩をしたことがありました。お互いに睨《にら》み合ったりもしましたが、ふと冷静さを取り戻し、イニングの合間に「これから君がレギュラーとして長く君臨したいならば審判を敵に回すのではなく、味方につけるべきではないか」と提言しました。彼も素直にうなずき、振り向かなくなりました。するとと不思議なもので、こちらも調子を取り戻してゾーンが安定するようになり、そしてその後も彼とは良好な関係が生まれました。お互いがプロとして立場を尊重し、認め合うのは大切なことだと確信しています。

審判にもサインあり

選手同士ばかりでなく、審判同士がフィールド内で交わすサインも実は各種あります。まずはインフィールド・フライ。これはプロ、アマ共通で、胸元に手を当て、お互いが顔を見合わせます。故意落球はバットを握るようにして両手をトンと合わせます。塁審が打球を追うならば両親指を立て後方に向けますし、追わぬなら両人差し指を地面に突き立てます。

また、タイムプレー（スリーアウトが成立する前に走者が本塁に達していたかどうか、という得点がからむジャッジ）というのを御存知でしょうか。例えば2死一、二塁でセンター前にヒットが出た場合、外野手が本塁は間に合わないと判断して三塁へ送球し一塁走者をアウトにしたとします。そのアウトの前に二塁走者がホームを踏んでいれば得点、踏んでいなければ無得点、というような例です。このような場合、特にサインの役割は重要なので、球審が左手首を右人差し指で叩きます。もちろんスリーアウトになった瞬間に本塁を踏んだかどうかを見極めるのですから、塁審は瞬時にジャッジを下さなければなりません。そのため事前に審判同士でお互いの注意を喚起するわけです。

すべて、サインを交わした後に審判同士の意思を目で読み取るアイコンタクトの再確認も必要です。プロならばサインの交換など必要ない、という考え方もありますが、2010年はセ・パ審判部の統合初年度ということもあり、サインが頻繁に交わされていたのでした。

極秘ですが、球審と塁審の間でストライクゾーンの確認、例えばコースはどうか、高さは入っているか、などを確かめ合うサインもあります。ただ、これを書いてしまうと、選手から判定を間違えたケースを見破られてしまうので、ご勘弁を。

痛恨の誤審

私自身、これまで数多くの誤審、迷ったジャッジがありました。そのほとんどが思い込みによりプレーを見る以前に自分で勝手に決めつけてしまったものです。プレーを予測することは大切ですが、思い込みは絶対にいけません。

球審デビューを果たしたばかりの頃、1990年の日本ハム対近鉄戦で本塁のクロスプレーがありました。ライトからの好返球でタイミング的には十分にアウトと自信満々に宣告したのですが、何と送球は捕手の脇の下に挟まれていたのです。微妙にイレギュラーバウンドしたようで、捕手はとっさにミットに収めぬままタッチしたのでした。三塁側ベンチからは脇の下の白球がもろに見えていたらしく、猛抗議以前にコーチから体当たりを食らった結果、退場を言い渡すはめになりました。

また、胸元に来た投球がバットに当たったのか、手に当たったのかも難しい判定です。

すぐには判定せず打者の様子を見ればよいのですが、ついつい打球音がすると「ファウル」とやってしまいがちです。

92年、釧路での日本ハム対オリックス戦のことでした。カーンという乾いた打球音がしたので、即「ファウル」と判定したのですが、その直後に打者がうずくまったのです。打者が「当たりましたよー」と泣きそうな顔をしながらバッティンググローブを外すと、そこはみるみるうちに腫れ上がってきました。グリップエンドと手に同時に当たったのです。判定はデッドボールに変えざるを得ませんでした。その旨を伝えようと守備側ベンチに行くと、それを察知した監督はトイレに隠れてしまい、試合がしばらく中断し往生しました。ちなみにその選手は指の骨折で、翌日から登録抹消となりました。

2001年の東京ドームでの最終戦で務めた二塁塁審でも、お粗末なジャッジをやらかしました。無死一塁からの強烈なセンター返しの打球を、投手が三塁方向に弾《はじ》きました。勢いがそがれボテボテとなったので、私は当然、球を拾った三塁手が一塁へ送球すると思い込んだのです。それで、じっと一塁でのプレーを凝視したのですが、何と背後の二塁でグラブにおさまる送球音が聞こえました。あわてて振り返っても、もうプレーは終わっていました。イチかバチかで出したアウトの判定は大間違い。激怒した大島康徳・日本ハム監督から暴言を浴び、これまた退場を言い渡すという締めくくりです。このため最終戦のセレモニーには、退場になった大島監督はファンの前に顔を見せて挨拶《あいさつ》することも許されず、後味の悪い幕切れとなりました。

許されぬルール適用の誤り

プロ野球の審判にも「誤審」は付きものですが、それでも絶対に間違えてはならない種類の判断があります。それはルールの適用です。これを誤ったならば、問答無用で言い訳のしようがありません。いわば法律を知らずして人を裁くようなものだからです。実社会では三審制があり、裁判も慎重に十分に検証されて最後の判決が下されますが、野球では1人の審判が瞬時に最終判断を下すのです。何があろうとも、ルールの適用ミスだけは避けなければなりません。

一軍公式戦ならば実際に判定を下す当該審判以外に3人の審判がいます（つまり計4人

が出場）から、ルール適用の誤りの恐れがある場合にはすぐに集まって協議をします。ルールをお互いに確認しあい、もしも適用を誤っていたならばすぐに訂正します。こうして未然にトラブルを防げれば事は済みますが、それでも運悪く、皆が半信半疑で自分だけ勘違いをしているのではないかと思い込んだり、あるいは試合の流れからそのままプレーが続いてしまい、訂正できなくなる場合があります。

この最悪の事態を招いた場合には当該審判のみならず、出場審判全員に厳重戒告や出場手当減額などの厳しい処分が下されるのです。「ジャッジの責任は個人にあるが、ルール適用の責任は全員にある」からです。最近では10年8月の京セラドーム大阪で、天井に当たった打球を即ファウルと判定した例がありました。これは本来ならばインプレーであり、外野手が捕球できなかったのだからヒットとすべき打球でした。

また、例えば監督が選手交代の通告をし忘れ、場内放送が未発表のまま試合を進行させたり、投手交代の手順を間違えたような場合でも、「それを未然に防げなかった責任は審判にある」として同様の処分が下されます。それほどにルールの適用ミスは重く厳しいのです。

ですから一軍の試合では、控え審判は常にルールブックやアグリーメント（試合内規）

を傍らに置き、すぐに確認できる体勢を取っています。私が若手審判を指導する二軍の試合では、たとえ数分間、試合が中断しようとも、「絶対に記憶が曖昧《あいまい》なまま試合を続行させるな」「ルールの確認をせよ」と口酸っぱく言っています。

審判団が明らかなルールの適用ミスを犯した場合には提訴試合となります。

公認野球規則の4・19（提訴試合）にはこう記してあります。

「審判員の裁定が本規則に違反するものとして、監督が審議を請求するときは、各リーグは試合提訴の手続に関する規則を適用しなければならない。審判員の判断に基づく裁定については、どのような提訴も許されない。提訴試合では、リーグ会長の裁定が最終のものとなる。審判員の裁定が本規則に違反するとの結論が出た場合であっても、リーグ会長において、その違反のために提訴チームが勝つ機会を失ったものと判断しない限り、試合のやり直しが命ぜられることはない」

とはいえ、実際に提訴試合が認められ、試合がやり直されたケースは長いプロ野球の歴史の中でも1試合もありません。「そのルール適用ミスが試合の勝敗を決定付ける要素にはならなかった」と判断されたからです。また、これまでに提訴の対象となったプレーのほとんどは審判のジャッジに対するものでした。

直近では10年8月に札幌ドームで行われた試合で、本塁近辺でバントした打者と捕手の接触プレーをめぐり、日本ハムが「打者走者に守備妨害を適用するべきではなかった」として提訴しました。これに対し、加藤良三コミッショナーは守備妨害を適用するかどうかは審判の権限であり、ルール上の誤りはなかったなどの理由で訴えを却下しました。

提訴試合はまだしも、最悪なのは没収試合です。これだけは絶対にやってはならないもので、文字通り審判生命にかかわる大事件となります。もちろん球団や監督にとっても致命傷となりますし、お互いのクビが飛ぶ覚悟が要ります。

プロ野球では過去に10試合記録されていますが、このうちの6試合は創成期のもので、選手の登録ミスや、天候を見誤って球団が球場入りしなかった、などという理由でした。審判のジャッジをめぐって没収試合となったのは4試合。いずれも男と男の意地のぶつかり合いとなったトラブルで、最後に「Forfeited game!」（没収試合）と宣告する時の球審は、まさに血涙ほとばしる思いだったでしょう。

プロ野球界で最後の没収試合は、１９７１年7月13日の西宮球場での阪急対ロッテ戦でした。あえて言うならば、たかがハーフスイングの三振一つのトラブル。しかし、これでロッテは主催球団の阪急に賠償金３００万円、パ・リーグに制裁金２００万円を支払いました。今の価値に換算するならば数千万円単位の懲罰金です。その試合後、監督は二軍に降格となり、審判も然《しか》りでした。

私自身は審判になりたての頃、あわや没収試合か、という場面に遭遇しました。その日は二軍戦がなく、西武球場へ一軍の試合を見学に出かけた時のことです。見逃し三振をした打者が悔しさのあまり放り投げたバットが球審の足に当たり、退場を宣告されたのです。この行為が故意か故意でなかったか、という判断をめぐってでした。

ちょうどイニングの合間で、監督は選手をすべてベンチに引き上げさせ、守備につかせぬまま執拗な抗議を続けました。20分近くも抗議は続き、ここが限界と判断した球審は試合を再開するよう、無人のグラウンドに立ち「プレー」を宣告しました。その後1分以内に選手がグラウンドに出なければ、没収試合の成立となってしまいます。まさに息詰まる1分間のカウントダウンが始まり、見ているだけの自分でさえ嘔吐《おうと》しそうになり、背中に冷たいものが流れるのを感じました。

こんな歴史的瞬間には、審判ならば絶対に立ち会いたくないものです。40秒ほどが過ぎ、選手が渋々とグラウンドに現れた時の観客の大歓声は今でも忘れられません。

抗議　人間模様

私の審判現役時代、退場まで至らなくても、激しい抗議もたっぷりと受けました。それぞれに監督や選手の個性が現れるものです。

腕を後ろに組んで胸を突き出すアメリカ流の抗議スタイルで人気を博したのが故・近藤貞雄監督（中日−大洋−日本ハム）でした。サービス精神旺盛で茶目っ気があり、お客さん受けも狙っていたようです。口角泡を飛ばし怒鳴った後はサッとベンチに引き下がり、後腐れのないタイプでした。

私がまだ一軍の球審で駆け出しの頃、その近藤監督が選手交代の通告をし忘れたことがあります。代走の選手がそのまま守備位置に付き、さらに捕手も代わっていたのにうっかりしていたのでしょう。気付いた私は監督の元に歩み寄り、かれこれこうですね、と確認をしてからウグイス嬢に告げました。日ごろからたっぷりといじめられていたものですから、そこでついつい「監督、一つ貸しですよ」と言ってしまいました。するとすかさず「お前にゃ、もっと貸しとるわい！」と一喝されました。

ボビー・バレンタイン監督（ロッテ）の抗議の迫力はさすがにメジャー仕込みで、通訳がいるのに一気に英語でまくしたてるのです。確か旭川での試合のことでした。一塁塁審だった私の元に抗議に出てきました。こちらは下したジャッジには自信満々でしたので、拙いながらも英語で応戦。アウトだ、セーフだと顔を突き合せ唾《つば》を飛ばしながらやりあった後、「自分のジャッジはいつでも（always）正しい」ときっぱりと言い切りました。ここで、彼は首をす

近藤貞雄・日本ハム監督に退場を告げた後、紛糾
＝1989年４月、日本ハム対南海戦、東京ドーム

くめ両方の手のひらを上にあげ立ち去りました。「Yes, your judge is right（わかった、お前のジャッジは正しい）」と言いながらも、帰り際に「……but sometimes」とつぶやきました。「ん？ sometimes？ あっ、時々、正しいと言ったのか！ バカにしやがって」と気付いた時にはもう目の前にはおらず、退場させ損ないました。

微妙な判定で、時には選手から感謝されることもあります。90年代半ばの西武対近鉄戦でのことでした。当時のいてまえ打線の主砲・金村義明（近鉄－中日－西武）はハーフスイングの多い選手でしたが、その試合でも2ストライク3ボールから、外角低めのスライダーに泳ぎながらバットが出かかりました。三振か、四球か、球審からの要求に一塁塁審を務めていた私は「ノースイング！」と大きく両手を広げました。

応援席の近鉄側からは大歓声が、西武側からは大ブーイングが沸き起こったのですが、ひょこひょこと一塁へ向けて駆け出した金村がベース手前で立ち止まりました。そこで「山崎さん、ありがとうございました！」とヘルメットを脱ぎ最敬礼をしたのです。場内は大爆笑。礼を言うなら皆に気付かれぬよう、一塁ベース到着後に耳元でこっそりとしてほしいものです。

なお、執拗な**抗議**を受けたり退場宣告をした場合には翌日に連盟に報告書を提出しなければなりません。漢字が苦手なある審判は「○○監督から、このような講義を受けました」と書いてしまいました。それを読んだ日本野球機構の事務局長は「君は監督からグラウンドで何を教えてもらったのかね？」と尋ねたそうです。

日米の姿勢の違い

審判は、楽しいことの10倍以上は苦しいことの方が多い仕事というのが実感でした。何よりも常に「完全」を求められるからです。99点ではダメ、100点でなければ納得してもらえない厳しさがプレッシャーとなります。

野球では1試合におおよそ400ほどのジャッジが介在します。まず投球数で両軍合わせて300球ほど、54個のアウト、他にフェアやファウル、ハーフスイング、盗塁、インターフェアやオブストラクション等々。延長戦ともなれば500近くにもなります。そのすべてが「正解」でなければなりません。プレーボール直後の第1球からきっちりと素晴らしい判定を積み上げていっても、最後のミス一つでそれまでの99点は全否定され、0点になってしまうのです。

日本のプロ野球で審判に求められているのは「機械的正確さ」だけであり、人間の判断ではありません。権威もアメリカほどには認められていません。ですから我々は追い詰められ、試合中にもがき苦しみます。

象徴的な話を一つ。1993年にアメリカの審判学校へ留学した時のことです。その初日、1時間目の授業で最初に教えられたのは審判にとって何が一番大切か、ということでした。答えは「Be respected!」。つまり「尊敬される人間になれ」ということです。校長のジム・エバンス氏（元アメリカン・リーグの名審判）は「人間は神様ではない。だから間違えることもある。それでもその判定が支持されるためには、監督や選手から信頼され、尊敬される人間にならなければいけない」と説きました。心にしみる言葉でした。ちなみに日本の審判部で初めに言われた言葉は「間違えるな！」でした。

アメリカの審判育成システムについて紹介しましょう。プロの審判を目指す方法はただ一つ。まずは全米で3校ある審判学校のいずれかに入学しなければなりません。私が留学した当時は、各校にそれぞれ130人から140人の生徒が集まっていました。アメリカのみならずメキシコ、イタリア、韓国、オーストラリアからの受講生もいました。日本人も毎年5、6人は受講しているそうです。

1月の第1週から始まる5週間のプログラムはハードそのものでした。毎日、午前中はルールの講習およびミニテスト、午後からは基本的な腕の上げ方や広げ方などの実技指導、プレーの見方、2人制・3人制・4人制フォーメーションの理解と実践などのメニューをこなします。夜も鏡の前ではプロを目指す若者たちの多くが特訓に励んでいましたし、食堂のテレビの前には教材用のビデオテープが何本も置いてありました。

3週目以降はいよいよ各ポジションに着き、若きインストラクターたち（1Aや2Aのマイナーリーグ審判）がノックバットを振る、実戦形式でのトレーニングとなります。守る野手、走者役は、生徒が持ち回りでやります。監督や選手に扮《ふん》したインストラクターが、判定に迷っておどおどする講習生に罵詈雑言《ばりぞうごん》を交えた抗議の嵐を浴びせ、そのたびに「Get out!」（退場）のコールも響きます。その抗議の迫力たるや演技なのか本気なのか、見分けが付かないほどでした。

最終プログラム終了後には全生徒が10分ほどの面接を受け、ここでの成績順位、評価を告げられます。その後のパーティでは修了証書を渡されるのですが、感激のあまり涙ぐむ生徒も多かったのが印象的でした。このようにすべてのマイナーリーグ審判はまずはこの学校を終えてから、プロへの第一歩を踏み出すのです。

ここでの成績優秀者10－15人が各校から選ばれた後、最終的には30－40人の若者がルーキー・リーグ審判員として大リーグ機構（MLB）にスカウトされ、その年の6月にマイナーデビューします。ここからルーキー→1A→2A→3Aの各レベルでの競争が始まります。もちろん各段階でスーパーバイザーと呼ばれる査定官の厳しいチェックがあり、そこでふるいにかけられます。技術もさることながら毅然《きぜん》たる態度や試合をコントロールする能力が何よりも重視されます。年間わずか6－9試合程度の査定試合で、1年間の努力や成長が見極められてしまうので、その試合での重圧は大変なものだそうです。

各レベルでは最長でも3年までと決められており、突破できなければ自動的に解雇。そして8年から9年後、最終的にメジャーの舞台に立てる審判は、同期で1人か2人しかいません。それゆえ、彼らのプライドたるや大変なものです。メジャーの選手になるよりもはるかに厳しい競争を勝ち抜いたのですから、監督や選手も一目置かざるをえません。彼らの権威はこうした過程で築かれていくのでしょう。

私が派遣されたのはパ・リーグ審判員となって11年目、何とか一軍で仕事はしているものの、まだ判定に自信が持てなくて、もがき苦しんでいる頃でした。それだけにアメリカでの5週間は本当に学ぶものが多く、有意義でした。特に審判とは何か、ルールとは何か、フェアプレーとは何か、という点では多くのことを考えさせられました。

この学校で渡された1993年のアメリカ版ルールブックはわずか108ページしかない簡素なものでした。それを十分読みこなすほどの語学力はありませんでしたが、大筋は日本のものと同じでした。しかし、それを翻訳した日本の「公認野球規則」は、細則まで含めれば300ページにもなっているのです。同じ野球のルールなのになぜでしょうか。

日本のルールブックには、アメリカ版にはない「注」や「原注」「問」「答」「付記」などがたっぷりと書き加えられているからです。あらゆる場面を想定し、事例をこと細かに説明しています。親切ではありますが、逆にそれらをすべて覚えこむのは大変です。それこそ100年に1回しか起こらないようなケースでも、きっちりと規定されているのです。

審判学校での講義ではもちろん基本的なルール解釈は学ばなければなりませんが、それ以外のケースではずいぶん鷹揚《おうよう》だなぁと感じました。彼らの切り札はルールブックの9・01に書かれている「審判員の資格と権限」なのです。特にその（c）と（d）です。曰《いわ》く

「審判員は、本規則に明確に規定されていない事項に関しては、自己の裁量に基づいて、裁定を下す権能が与えられている」、つまりは、わからないことがあれば審判に任せろ、ということです。「審判員は、プレーヤー、コーチ、監督または控えのプレーヤーが裁定に異議を唱えたり、スポーツマンらしくない言動をとった場合には、その出場資格を奪って、試合から除く権限を持つ」。要は判定に文句を言う奴は退場だよ、と。

彼らを支えているのは「ベースボールの常識」であり「フェアプレーの精神」なのです。それを侵す者には容赦のない報復が認められています。例えば、打者がストライクの判定に不満の意を示せば、次の投球がさらに大きく外れたコースでもストライクとコールされます。そこでまた文句を言えば今度は「退場！」です。

捕手がミットを捕球後に少しでも動かせば、それは球審をだまそうとする侮辱行為と取られ、必ずボールになってしまいます。これは「Show up」と呼ばれ、ベンチや観客に球審の判定が不満であることを示す行為とみなされるからです。日本では上手《うま》いキャッチングとほめられる動きが、アメリカでは通用しません。城島健司君（現・阪神）がマリナーズ時代に捕手として苦労したのは、この癖が体にしみこんでいるゆえでした。

選手間でも、敗者に対してそれ以上の屈辱を与えるような行為は許されません。ホームランを打った後の派手なガッツポーズとか、大量得点差での盗塁などしようものなら、次打席では間違いなく強烈なブラッシュボール（故意の死球）に見舞われます。

善い、悪いは別として、例えばボークについてもアメリカでは基本的には「疑わしきは罰する」です。どこかに走者をだまそうという意図があれば、間髪入れずに宣告されます。フェアプレーの精神に反するからです。日本ではルール的に触れない限りは「技術」として認められます。ですからキャンプなどでは、投手コーチは「これはどうだ？」「なら、これはどうだ？」とボークぎりぎりのラインを探りに来るのです。

退場にしても然り。アメリカでは判定に対して抗議に出るのは明らかなルール違反です。よって9・01（d）にあるように「退場」となって当然なわけです。もちろん抗議する側は最初からその覚悟ですし、審判も退場させなければ自らがルール違反を犯すわけですから、堂々と宣告しなければ審判失格です。メジャーリーグでは年間に300から400もの退場件数がありますから、ほぼ日常茶飯事、たいした話題にもなりません。マイナーリーグにしても同様です。退場をさせられない審判は「バージンアンパイア」とか「チキンアンパイア」と仲間内でからかわれ、馬鹿にされます。もちろんすぐに野球界からも追放されてしまうでしょう。

ちなみにメジャーでの最多退場監督はボビー・コックス氏（アトランタ・ブレーブスなど）の161回、他にも100回以上の監督はスパーキー・アンダーソン氏（デトロイト・タイガースなど）、ジョン・マグロー氏（サンフランシスコ・ジャイアンツなど）など多数います。日本でおなじみのボビー・バレンタイン氏（ロッテ）はテキサス・レンジャーズ監督時代に1年間で18回という記録を持っていますが、日本では通算7年間で1回だけです。

日本人監督の最多記録（選手時代を含む）は金田正一氏（ロッテ）と落合博満氏（中日）の8回、続いて故・大沢啓二氏（ロッテ―日本ハム）の7回といったところです。ちなみに選手の最多記録はタフィー・ローズ（近鉄―読売―オリックス）の14回です。

このように日本での退場件数はせいぜい年間に数件、多い年でも10件を超える程度です。日本の審判が特別に優秀だからだ、監督や選手のマナーが良いからだ、というのならありがたいのですが、実情は全く違うでしょう。

「喧嘩両成敗」という言葉がありますが、日本ではまさにこの考え方に支配されています。そりゃ、審判の判定に文句を言うのは悪い、ドツいたのも悪い、でもその原因を作った審判だって悪いだろ、ということです。

トラブルの発端となるジャッジが明らかなミスだった場合には徹底的に叩かれます。審判は1人で1回だけ見て一瞬のうちに判断するのですが、批判する側はビデオのコマ送りで何度も再生し、検証、確認をします。ですから肉眼では勝ち目はありません。審判側の絶対的な不手際だけが機械の目によりクローズアップされ、「誤審」を証明されてしまうのです。そんな状況下で退場をさせれば「事件」となりますし、大々的に報道される。できれば抗議だけで済ませたい、と思うのも仕方がありません。ここでは機械的正確さだけが両者の正否を決め、人間の判断が優先されないからです。

ここから求める日米両国での方向性の違いが出てきます。アメリカでは人間は神様ではないから間違える、だからこそ審判は尊敬される人間になれ、と。日本ではとにかく審判は間違えるな、だからこそ技術を磨け、となるわけです。

そんな環境に長らくおかれているゆえ、日本の審判は技術的にはとびきり優秀だという評価も国際的にはあります。実際、文句の多い外国人選手に日本の審判はどうか？と尋ねると、「皆、素晴らしく上手だ」との答えが返ってきました。「ならばなぜ君は文句を言うのか？」と聞くと、「皆が言うからさ。それに言っても退場にはならないからね」……。

対立事件に発展

日米の審判問題を語る時に忘れてならないのがマイク・ディミューロ事件です。1997年、セ・リーグは今後、ますます野球の国際化が進み、メジャーリーグとの交流も増えるだろうとの観点から、まずはアメリカの最新の審判技術を学ぼう、ということになりました。そこで初めて、現役の外国人審判の採用に踏み切ったのです。当初はメジャーに在籍している者の派遣を希望したのですが、給与面や待遇面での折り合いが付かず、技術的には若手ナンバーワンで、将来はメジャー昇格間違いなし、と折り紙付きだったディミューロ氏が招聘《しょうへい》されました。

彼は当時29歳で審判キャリアは6年目、3Aに在籍していました。父は元アメリカン・リーグの審判で、兄もまた3Aの審判という審判一家。奇《く》しくも私が審判学校留学時のインストラクターでもありました。とにかく強気一点張り、しゃべる口は持つが聞く耳は持たぬ、という自己主張の強い傲慢なタイプでした。それは「ベースボールのアンパイア」としては最も向いている性格なのかもしれません。しかし「野球の審判」としては不向きだったようです。

2月のキャンプ時に来日し、3月のオープン戦の頃からセ・リーグの一軍レギュラーメンバーとして出場するのですが、すでにこの時点で各チームから不満が噴出していました。あまりにも判定の姿勢が違いすぎるからです。パフォーマンスもさることながら、特にストライクゾーンの違いが顕著でした。いわゆる内角に厳しく外角に甘いゾーン、さらに言葉のコミュニケーション不足による現場での意思の疎通、抗議に対する高圧的（に見える）態度など、やることなすことすべてが批判の対象となりました。

セ・リーグは「日本流のストライクゾーンで対応して欲しい」と要請しましたが、彼の信念は変わりません。帰国したら数年後にはメジャーに昇格し、自分の仕事場はヤンキー・スタジアムやセーフコ・フィールドなのだ、今さら自分が築き上げたゾーンや判定基準を崩してなるものかと徹底的に意思を貫き通しました。「郷に入りては郷に従え」という言葉は彼の辞書にはなかったのです。公式戦開幕後も小さなトラブルが続出し、ある試合では抗議に出た監督に即座に退場を宣告し、周囲を唖然《あぜん》とさせました。

ついに大衝突したのが6月の長良川球場（岐阜県）での中日対横浜戦でした。この試合で外角ストライクの判定にクレームをつけた打者に対し、さらに大きく外れた投球をまたもストライクとコールしたのです。これは彼らの流儀からすれば当然のこと。こうして打者に警告し、報復するのがベースボールのアンパイアだからです。

ところが日本の野球ではこれはまかり通りません。打者は再び激昂《げきこう》し、監督やコーチも飛び出して彼を取り囲み猛抗議をしました。もちろんアメリカでも監督や選手の抗議はありますが、必ず1対1でやるものです。絶対に手を出すことはありませんし、万一審判に暴行を加えようものなら間違いなく球界からの永久追放、そして訴訟が待っているでしょう。

ディミューロ氏にとっては異国の球場で退場宣告後にも殺気立った大勢の監督やコーチに囲まれ、胸ぐらをつかまれ怒鳴られたことは想像を絶する事態でした。試合後も震えながら「自分のアンパイアとしてのキャリアの中で経験したことのない恐怖を覚えた」とのコメントを残し、「日本は安全な国だ、と聞いていたが球場の中は危険だった」とも語りました。

翌日には彼の所属するメジャーリーグ機構から即刻、帰国させるようセ・リーグに要望書が出され、同時に彼も辞表を提出しました。こうしてわずか半年にも満たずに外国人審判第1号は去り、再び2号が生まれることはありませんでした。ちなみに彼は帰国後の99年からメジャーに昇格し、オールスターやチャンピオンシリーズにも出場する名審判として今も現役で活躍中です。

この事件はアメリカでも大きく報道され、一時は日米審判間の交流にも暗雲が立ち込めました。今もって、この「ベースボールのアンパイア」と「野球の審判」の溝は深く大きいのかもしれません。この解消は国民性にも通ずることですから容易ではありませんが、日本球界にとっても今後の大きな課題だと思います。

ただ、我々の後ろにはルールブックがついています。これに従ってやれば、何ら恐れることはないと若手には説いています。ミスジャッジとルール違反（抗議）は全くの別物です。前者は試合後に原因を探り、素直に認め反省すればよい。しかし、後者を黙認したり勢いにひるんでしまうことは、まさに審判側のルール違反であり自らの存在意義さえ脅かすことになります。ルール通りに「退場！」とやることは恥ずべき問題ではありません。

歴代1位の退場物語

恥ずかしながら、私に関わる「退場物語」もお話ししましょう。現役時代の29年間で17回もの退場宣告をしました。これは、まず間違いなく歴代1位の記録でしょう。そのほとんどは私自身のミスジャッジが招いたものですから、決して誇れる記録ではありません。それでも悪びれずに堂々と（？）宣告し、現場からはずいぶん恨まれていたと思います。「逆切れ審判」などという批判の声もよく聞かされました。この記録だけは早く後輩に更新して欲しいと切に願っているのですが…。

強く記憶に残る一軍での「退場！」宣告は、あの400勝投手の金田正一監督（ロッテ）に対してでした。1991年5月10日の日ハム対ロッテ戦の後半、もつれた場面で球審・山崎の下した「ボール」の判定に金田監督がベンチから飛び出してきたのです。まさに血相を変え口角泡を飛ばして、いきなりの「どこ見とんじゃ、バカヤローッ！」でした。瞬時にピクッときました。そりゃ当方もそれほど利口じゃないけれど、一応因数分解もできれば古文や漢文だって読めるんだ、あなたに言われるほどのバカじゃない！そんなプライドが瞬時に「タイジョー！」の大声とともに爆発しました。その後もしばらくは打席近辺での怒鳴り合いとなり、そのシーンはスポーツニュースのトップで放映されました。

それを見ていて卒倒したのが妻です。なぜこの日付をよく覚えているかというと、実は妻の誕生日だったからです。今夜の球審を終

金田正一・ロッテ監督（右）から暴言を浴びせられる主審・山崎。
金田監督は通算８回目の退場となり、当時のプロ野球記録に
＝1991年５月10日、東京ドーム［共同通信社提供］

えて帰宅したらお祝いをしようね、と言って出かけたものですから、ワインを用意し料理も作り終えて待っている時でした。そろそろ試合も終わる頃かとテレビをつけた途端に、2人の格闘シーン（？）が飛び込んできたそうです。上機嫌が一転、ドッチラケの誕生日になったのは言うまでもありません。子供たちも気配を察し、早々と部屋にこもったそうです。

憮然《ぶぜん》として帰宅した私は食事もそこそこに、パ・リーグ会長宛の報告書に取りかかりました。その夜のワインはもちろん、やけ酒となりました。

金田監督には後日、「お前、大学を出てるんだってな。そりゃ、バカヤローって言ったのはすまんかったのぉ。ヘタクソ！って言えばよかったな」と言われました。もちろんこれでも十分に暴言で、「退場！」に値します。

仰木彬《おおぎあきら》監督（オリックス）を退場させたのはオールスター前の千葉マリン（現ＱＶＣマリンフィールド）での試合、ホームでのクロスプレーの判定をめぐってでした。明らかな空タッチだったのですが、判定する位置取りが悪かったためミットと走者の隙間《すきま》が見えませんでした。暴言により退場を宣告すると、「お前こそ退場や！」と言い放ち、憮然としながら自らダッグアウトの奥へと消えました。

この試合を機に仰木監督はめっきりと体調を崩し、シーズンの最後には西武ドームの階段を上がることもままならずタクシーをフィールド内に呼ぶほどでした。そしてその年の12月、肺ガンのため逝去されました。当時のオリックスのファン掲示板を見ると「仰木監督を殺した山崎審判」と書き込まれており、いささかショックでした。

王貞治監督（ソフトバンク）ともあわや、という場面がありました。北九州での対マリーンズ戦でした。ヒットエンドランがかかり、打ちに行った打者。投球が胸元に来たためよけ切れず、スイングしながらも手の甲に投球が当たったのです。

デッドボールならば無死一、二塁となり、スイングならば打者は三振で1アウト・走者は一塁のまま、という局面でした。球審からはスイングだったかどうか確認の要請があったので、一塁審判を務めていた私は「ノースイング」と判定しました。いかにエンドランがかかっていようと、胸元にボールが来れば必然的によけるのが打者の本能だと思ったからです。

ここで守備側の王監督が飛び出してきました。「山崎さん、今のはスイングでしょ？　エンドランがかかってるんですよ」「いや監督、投球が胸元に来たから打者はよけました。スイングはその余勢で、判定はデッドボールです」。そんなやり取りがしばらく続き、両者ともだんだんエキサイトしてきました。ついには王監督から「エンドランがかかっていればスイングするに決まってるだろ！　君は野球をやったことがないのか！」と言われ、こちらも切れてしまいました。「確かに野球は下手《へた》ですよ、監督みたいに868本もホームランを打ったわけじゃない、それでも野球をやったことがないとはあんまりじゃないですか」。そんな心境でした。それで、言い返した言葉は「監督はエンドランをやったことがないんでしょ！」。すっかり王監督を怒らせてしまい、ここからさらに10分間も揉《も》めてしまいましたが、さすがに「退場」とは言えませんでした。

退場宣告は決して気分の良いものではありません。特に後味が悪かったのは試合どころか自分自身をコントロールできずに、イライラを爆発させてしまった退場劇です。

1997年、香川県高松市での夏場のナイター、日本ハム対近鉄戦でのことです。岡山からの当日移動でいささかの疲れもありましたが、とにかく蒸し暑い晩でした。瀬戸のべタ凪《なぎ》というやつで風はそよとも吹かずに不快指数が異常に高く、試合開始直後から玉のような汗が額に噴き出していました。球審を務めながらも、なんだか今夜は調子も冴えないなぁ、と弱気になっています。こういう気分では良いジャッジができるわけもなく、案の定、高低もコースも前半からガタガタでした。特に近鉄の3、4番に並んだ外国人打者2

人とは以前から相性が悪く、ジャッジをめぐってにらみ合うことも度々でした。

その試合でも2人は打席に立つたびに、「ストライク」とコールするたびに、なにやらわめいていていました。ベンチに戻っても2人並んでニヤニヤとしながら大声で叫びたてています。もちろんスラング（俗語）で、何を言っているのかはわかりませんでしたが、間違いなく自分をからかっているような雰囲気は感じていました。ただ、退場宣告もせず我慢を続けたため、私のストレスはますます溜まっていきました。

ついに六回表に爆発、まだ彼らが打席にも入っていないのにこちらから喧嘩を売ってしまったのです。売られた喧嘩は買ってもよいが、審判から売ることは絶対にしてはならないことでした。ですが、この時は「もう限界だ、この打席でなにか一言でも言ったら退場だぞ！」と詰め寄り、まさに一触即発の状態となりました。通訳や打撃コーチが慌てて飛び出し我々を引き離したものの、それから先はもう完全に近鉄ベンチとは喧嘩同然となりました。野次られるたびにベンチをにらみつけ、そんな行動がさらに彼らを煽《あお》り立て、八回裏の押し出し四球の判定に対して監督が激昂して暴言を吐き、退場となりました。その投球への判定自体は正しくても、揉めた結果はすべて自分自身をコントロールできなかった度量の小ささ、メンタル面の弱さにあったのです。

他にも、根本陸夫監督（ダイエー）や佐々木恭介監督（近鉄）、中西太コーチ（近鉄）、大島康徳監督（日本ハム）、選手では広瀬哲朗（日本ハム）や山崎武司（楽天）らを試合途中にシャワールームへと追いやりました（アメリカでは退場させる時に、こういった言い回しをするそうです）。

国際基準を採用

日本野球機構（NPB）が2011年から国際基準の統一球を採用しました。投高打低を招いたと言われましたが、現場では審判のストライクゾーンも変わったのではないか、とささやかれています。

もちろんストライクゾーンを意識的に広げたわけではありませんし、そのような指令も出ていません。しかし同じ11年からセ・リーグとパ・リーグに分かれていた審判部が完全統合されたので、全員ができるだけ同一基準のゾーンや審判技術を持つ必要に迫られました。そこで今後の野球の国際化も見据えて、教育システムもアメリカの審判学校で使われているマニュアルや運営方法を参考にすることにしました。投球を見るポジションや姿勢を一定の枠内に統一し、ストライクゾーンそのものも国際基準に近づけよう、ということになったのです。

やや専門的な話になりますが、球審のスタイル（構え）には3通りあります。一番標準的なのは「ボックス」（Box）と称し、リラックスした状態から膝を折り、やや前かがみで見る方法。アマチュアの審判はすべてがこのスタイルですし、プロでも現在56人の審判のうち大半の43人がこの構えをします。基本中の基本です。

審判の構え（ボックス）

もう一つは「シザース」（Scissors）で、はさみのように大きく片足を引き、両手を前に出した膝の上に置いて見る方法です。プロの審判では13人が採用しています。視線の高さが安定する反面、ファウルチップがマスクに当たった場合には首筋への衝撃が大きいことが欠点です。危険性が伴うのでアメリカのマイナーリーグでは禁止されています。

最後は「ニー」(Knee)で、片足を折り地面に膝を着けて見る方法です。これは最低でも180センチ以上の上背がないとできませんし、瞬時に判定を下さねばならない打席際やライン際のジャッジへの第一歩が出遅れがちになる欠点があります。よって今では日米ともにほとんど採用されていません。

投球を見るポジジョン(位置)にも2通りあります。「センター」(Center)と「スロッ

審判の構え(シザース)

審判の構え(ニー)

審判の立ち位置（センター）

審判の立ち位置（スロット）

ト」（Slot）です。センターとは文字通り視線をホームベースの中央に置き、両サイドを均等に見るスタイルです。かってはこの見方が主流でしたし、10年までのパ・リーグではこれが基本方針になっていました。長所は定点観測となるために両サイドの判定が安定すること。欠点は常に捕手の背後にいるために死角ができてしまい、特に真ん中低めの投球が見にくいことです。

もう一つのスロットとは「何かと何かの間」という意味があります。つまり打者と捕手の間から投球を見る方法です。そして捕手にできるだけ近づき、捕球するミットまで見るのです。ですから基本的には内角寄りになり、内角球はベースにかすったか否かが実によく見えますし、低めもミットの高さで判定できるので正確性が増します。逆に外角球の判定はややアバウト、大ざっぱになります。

とはいえ、この外角球の判定も練習次第です。例えば打者だって、打席内から外角のボールを見極められるのと同様、審判も横から見ても十分にその感覚でゾーンを把握することができるようになります。自動車の運転で、慣れれば運転席の反対側でも5センチ幅に寄せられるようになるのと同様です。つまり内角は「見る」、外角は「覚える」ということです。

セ・リーグはすでにこのスロットポジションを10数年前から採用していましたし、アマチュア球界もすべてそうです。もちろんアメリカも然りで、国際基準のストライクゾーンはこの見方で成り立っています。ですから内角には厳しく、外角にはやや甘く、ということになります。

11年からセ・パ両リーグの審判部が完全統合されたことを受け、若手はすべてスロットポジションでの見方をするよう、指導方針が決まりました。元パ・リーグの審判諸兄も数多く、この年から積極的にスロットに取り組んだ結果、全体のストライクゾーンが外角に広がったような印象を与えているのでしょう。

コースも高さも両方入っているのがストライクですから、球審は一度コールしたなら逃げ場がありません。ストライクは勇気が要るのです。かつては、「1センチ、あるいは2センチ外れているからボール」と見極めるのが上手い審判だ、という時代がありました。でも、打者が手も足も出なかったような外角低めの決め球をボールと判定しては、野球そのものが消極的でつまらないものになります。球審のゾーンが狭ければ必然的に打者はコースぎりぎりの投球に手を出さなくなるし、四球や投球数ばかりが多くなるでしょう。積極的な打ち合いの野球のためには広いゾーンが不可欠です。

また、アマチュアとプロの世界のストライクゾーンはルール上の違いはありませんが、現実的にはプロの方がかなり狭いのです。アマと同じようなストライクゾーンをプロでも採用していたら、制球力と球威のあるプロの投手たちによって打者がほぼ完全に抑え込まれるのは必至です。ですから、「競技やレベルに応じて最も面白くなるように、実質的なゾーンが定まっていく」ということになります。

アメリカのマイナーリーグでは、打撃コーチが「もっとストライクとコールしろ」と球審にクレームをつけることもあるそうです。そうしないと、選手の打撃力が向上しないからです。打たなければ彼らはメジャーには上がれません。

そんな考え方が根底にあるのでアメリカでは審判の評価は一貫性があり、ゾーンが広いほど優秀な審判とされています。国際的にも然りです。日本でもそういう時代が来つつあります。

統一球の影響

2011年のプロ野球の大きな特徴は、投高打低の傾向が著しく、点があまり入らないロースコアの試合が目立ったことでした。数字が如実に物語っています。公式戦終了後の数字を見ると、3割打者はセ・パ合わせても9人しかいないし、チーム打率は12球団平均で2割4分6厘（セは2割4分2厘、パは2割5分1厘）にとどまりました。逆に投手は防御率1点台の投手が両リーグで6人もいますし、2点台ならば20人、チーム防御率が2点台というチームも半数の6チームです。つまりは「3点取れば勝ち」の試合が多かったのです。

ちなみに前年の10年の3割打者は両リーグで27人（セ14人、パ13人）に達したのに対し、防御率1点台の投手はダルビッシュただ1人でした。2点台の投手でさえ7人しかいませんでした。

もちろん両リーグ全体のホームランの数も、10年の1、605本から11年は939本へと激減しました。

その大きな要因は統一球の採用にある、というのが一般的な見方です。「なぜ11年からいわゆる『飛ばないボール』が採用されたのか」と言うと、話は数年前にさかのぼります。

オリンピックやワールド・ベースボール・クラシック（WBC）、アジアシリーズなど野球も国際試合が多くなりました。その時には日本のプロ野球で使用するボールとは違う国際仕様のボールが使われるために、多くのプロ野球選手が対応に苦慮しました。投手は縫い目の幅が広く、高さも低い、そして滑りやすい、と。打者はフェンス際の最後のひと伸びがない、と。そこで加藤コミッショナーは、今後も世界の野球と対等に渡り合うためにも、NPBでの使用球は国際基準に合わせるべきだ、と提言したのです。そこでまずは各球団でまちまちだった使用球を、4社から1社（ミズノ社製）に絞り込みました。

ボールの内部の芯や巻き糸、縫い目の高さや幅まで国際仕様球と同一のものとし、平均反発係数を規格値下限の0・4134としました。そしてフェンス際まで同一条件下（投手が144キロの球速で投げ、打者がスイングスピード126キロ、飛び出し角度27度で打つと想定）で飛んだ場合には約1メートルの飛距離減となる低反発の新球が開発されました。

とはいえ、ボールの重さそのものは変わったわけではありません。ルールでは重量は141・7グラムから148・8グラムの間と定められていますが、実際には大体その中間の145グラムを目安に作られています。非常に湿気を吸いやすいので、製造後は銀紙に包まれたうえでビニール袋に密閉し、保管されています。それを審判団が試合の2時間ほど前に開封し、当日の試合に使う7ダース分を特殊な砂で揉み込んでからボールボーイに渡します。なぜ揉むかというと、湿気防止のために特殊なパラフィンが薄く塗られているからです。これを取らないと滑ってしまい、とても投げられません。公認球には11年から、NPBのロゴマークと加藤コミッショナーのサインが印字されています。

統一球を実際に使っている現役選手の声を聞いてみますと、ボール自体は確かに滑りやすい感じもするが、縫い目の幅が広いので指先へのかかり具合が良い、よって変化球が予想外に大きく曲がると多くの投手が語っています。ただ縫い目の高さが一定しておらず、やや変形しているものもたまにある、との苦情もあります。

打者は、実質的には5メートルから10メートル近くは飛距離が落ちるような気がする、特にこすったような当たりだとまず間違いなくフェンス際で失速してしまう、と嘆いていました。低反発ゆえに内野手の間を強烈なゴロで抜けてゆく打球も減り、間一髪のクロスプレーでのアウトが目立って多くなりました。

この統一球導入は、審判団にとっても思わぬ副産物も生み出しました。10年には26件（うち判定変更18件）もあったビデオ判定が、11年は14件（うち判定変更5件）と激減したのです。要はフェンス際まで、あるいはポール際まで飛ぶ打球が少なくなった、ということです。

当面はこの投高打低傾向は続くかもしれませんが、それでも十分に対応するのがプロの打者たちです。実際に11年は前半戦に比べ、オールスター以降、本塁打数やチーム打率が各チームともに大幅に上昇しました。一時的に打率や本塁打数は落ちても、数年後には統一球に打ち負けない打法や戦法も編み出され、それがまたさらに球界を発展させてゆくでしょう。投手たちも負けぬよう、さらなる技術の向上を目指す。緊迫した一連の攻防を見るのもプロ野球観戦の楽しみの一つです。

カウント方法も刷新

審判は1球ごとにインジケーターを使い、ストライクとボールのカウントを正確に記録します。スコアボードでも確認します。しかし、まれにそのスコアボードが違っていることもあるのです。審判が正確を期すため、自分の後ろを振り返って記録員に確かめる場面を目撃した観客も多いでしょう。

かつて、ある試合でこんな「事件」が起きました。ランナーが一塁にいて、打者のカウントは本当は2ストライク2ボール（当時の数え方）だったのに、スコアボードの表示は2ストライク3ボールと間違っていたのです。このランナーは不思議に思ったので一塁塁審にカウントを確かめると、塁審が答えたのは「ツースリー」。実は塁審も勘違いしていました。次の投球はボール。これを見たランナーは当然四球と判断して二塁に向かいましたが、正解はツースリーでしたから、このランナーは二塁手前でタッチアウトになりました。「事前に塁審に確かめたのに、どうして?」。ランナーは激しく抗議し、試合は中断、紛糾してしまいました。

ちなみに2010年から、球審のカウントの順番が逆になりました。「ストライクの次にボール」をカウントするのではなく、「ボールの次にストライク」の順番になったのです。これも国際基準に即したのですが、今ではほとんどの球場のスコアボードの表記が「SBO」ではなく「BSO」に改修されていますし、テレビ放映時の画面下の表示にしても同様です。

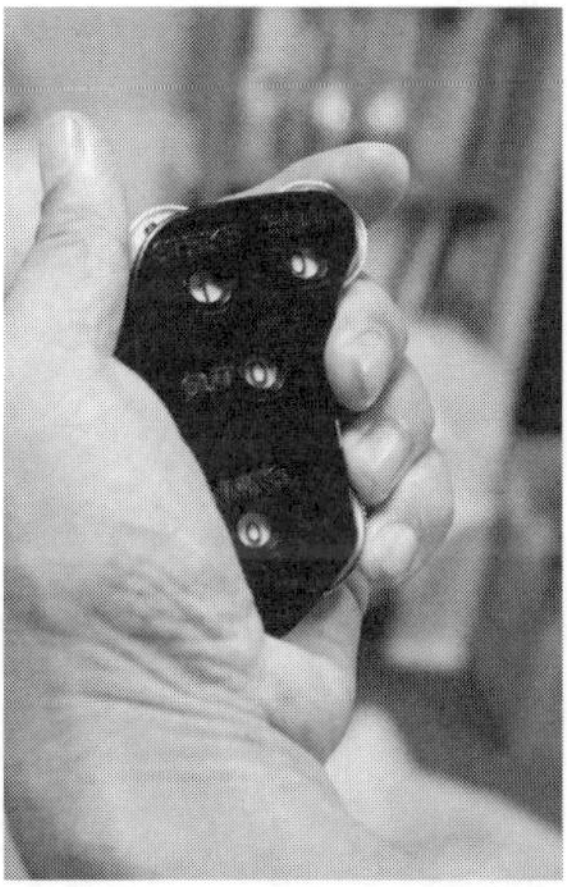
ボールカウントを数えるインジケーター。審判が1球ごとに指で操作する

コラム　ルールの知識　勝負を左右

皆さんは「三塁側にはないのに一塁側のベース付近にだけ、白い線で囲んだゾーンがある」ことにお気づきでしょうか？　ここは「スリーフットレーン」と言います（図参照）が、どんな意味があるのかを知っているファンの方は少ないでしょう。実は一部の選手でさえ、なぜこのゾーンがあるのかを知らないようなのです。

内野ゴロが飛んだ場合には普通、一塁へ送球されることがほとんどです。その時にもしも打者走者がいつもラインの内側（つまり内野側）を走っていたら、ベース近辺では一塁手の守備を邪魔することになってしまいます。そこで、一塁へ向かう走路の後半では、必ずこの白線内を走らなければならないのです。

もしもこのゾーンの中を走らずに、例えば捕手や三塁手からの送球が背中に当たってしまったとしたら…。そのまま守備妨害となり、打者走者はアウトになります。もちろん他の塁にいた走者も進塁は認められません。

数年前の試合で、実際にこんなプレーがありました。パ・リーグを代表する好投手同士が息詰まる投手戦を展開し、1点差で負けていたチームが八回1死満塁からスクイズを仕掛けたのです。見事に成功し、打球を拾い上げた投手は本塁を諦《あきら》めて一塁へ送球しました。ところが、その送球が打者走者の背中に当たってベンチの方向へ大きく弾み、それを見た二塁走者も生還。逆転となり、スタンドからは大歓声が沸き起こりました。

　すると、その瞬間に球審は手を上げてタイムをかけ、打者を指差して「アウト」のコール。走者にも元の塁へ戻るよう指示をしました。スコアボードの得点は2点から0点に戻

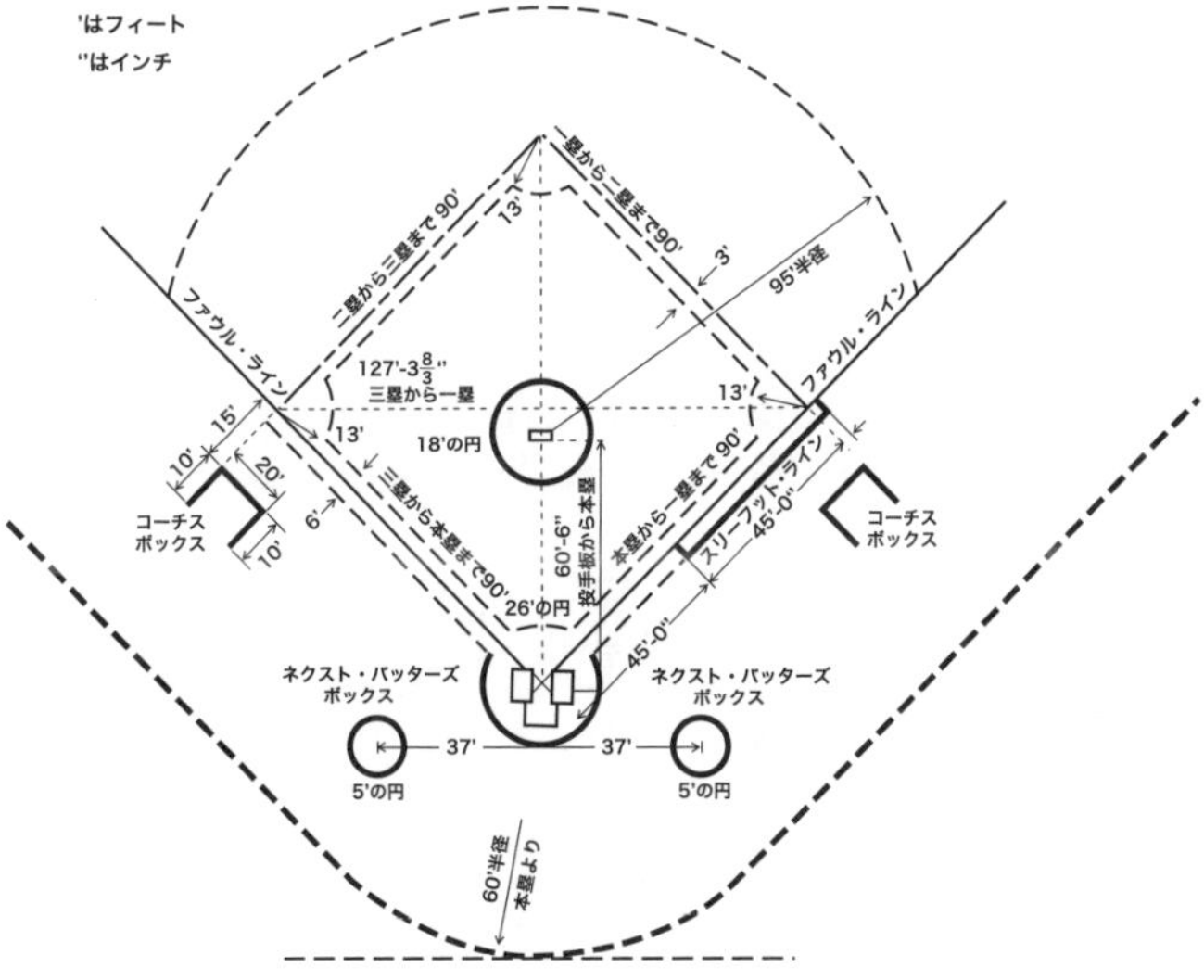

りました。なぜこのシーンで得点が認められなかったのでしょうか？

まず、一塁カバーに入った野手の前で送球に当たったわけですから、打者走者は明らかにラインの内側を走っていました。野球規則6・05（k）によると、「一塁に対する守備が行なわれているとき、本塁一塁間の後半を走るにさいして、打者がスリーフットラインの外側、またはファウルラインの内側を走って、一塁への送球を捕えようとする野手の動作を妨げたと審判員が認めた場合」打者はアウトとなります。難しい言い回しですが、要するにラインの内側を走っていて送球が当たったり、守備側の野手の視界の妨げになった場合は故意でなくともアウトということです。この規則によりスクイズに成功した打者はアウトとなりました。

さらに、野球規則2・44（a）【原注】によると、「打者走者が一塁に到達しないうちに妨害が発生したときは、すべての走者は投手の投球当時占有していた塁に戻らなければならない」とあります。

つまり打者が一塁に到達する前に守備を妨害したので、逆転のホームを踏んだ二塁走者は元の二塁へ、同点のホームを踏んだ三塁走者は三塁まで戻らなければならなかったのです。三塁走者は守備妨害が起こる前にホームを踏んでいますが、打者が一塁に到達していませんのでホームインは認められません。よって無得点なのです。

スリーフットレーンの中を走らないと、このようにスクイズが成功したのに無得点でアウト、さらに背中にも青アザが残るという踏んだり蹴《け》ったりの結末となってしまいます。この場面で無得点となったチームは試合に敗れ、ルールの知識を持っていたかどうかが、結果的に勝負の行方を左右する象徴的な試合でした。

好判断に「あっぱれ!」

2010年まではクライマックス・シリーズのファーストステージとファイナルステージ、日本シリーズのうち、二つ以上のシリーズで球審や塁審を務める「重複出場」の審判がいました。しかし、肉体的にはともかく精神的に相当負担が大きいため、翌11年からは重複出場は避けることになりました。

その結果11年は、両リーグのファーストステージ12人、同じくファイナルステージ

12人、日本シリーズ8人と計32人の審判が出場しました（一つのステージに6人制、日本シリーズのみ2人の控え審判あり）。どの試合も重要性に変わりはないので、それぞれにクルーチーフを責任審判として配し、万全を期しています。

とはいえ、中でも特に日本シリーズの重みは大きく、ここに出場する人がその年の審判ベスト8という評価をされます。

幸い、すべての試合で大きなトラブルもなく終わりました。CSを導入した現行制度の是非はともかくとして、まさに144試合の1次リーグを終えてからの決戦ですから、ジャッジへのプレッシャーは桁違いに大きいものです。下手をすれば審判生命をも脅かすほどに評価を下げることもあるのです。逆にこういった大舞台で良い仕事をすれば、自信を深め大きく飛躍するチャンスになります。まさに若手審判にとっては登竜門であり、もろ刃の剣でもあります。

一連のシリーズで唯一、抗議があったのは日本シリーズ第2戦での落合博満・中日監督が内川聖一選手（ソフトバンク）のバットのグリップ部分に巻かれていたテープに対して「ルール違反ではないか」と訴えたものでした。もちろんその下に補強の鉄板とか異物が挟んであればルール違反ですが、滑り止めのテープだけならば公認野球規則1・10（C）に書いてあるように、何ら問題はありません。三回裏1死一、二塁で中日が守備という場面。おそらく落合監督はルールのことは百も承知の上で、ピンチに間合いを持たせる策略だったのでしょう。

もちろんそれに冷静に対処し、手際よく裁いた審判諸兄も「あっぱれ！」でした。

Ⅲ　クロスプレーで生きてきた

夢はプロ野球選手

1955年（昭和30年）7月2日、新潟県高田市（現・上越市）で、ガソリンスタンドを営む両親の元、私は兄1人姉2人の4人きょうだいの末っ子として生まれました。名前の由来は文字通り、「夏に生まれた」からです。体重は約4千グラム、当時としては破格の巨大ベビーでした。とはいえ、父は180センチ近い長身で体重は100キロ近くありましたし、母も160センチ以上あり当時としては大柄な女性でしたので、この体格も両親からの授かりものでしょう。

時代はまさに「巨人・大鵬・卵焼き」。ファミコンもパソコンもない頃の子供の遊びといえば相撲と野球くらいです。たいして運動神経はなかったけれど、体がでかく力が強かったので相撲では負けたことがありません。野球にしても器用ではないが、とにかく速く走る、速い球を投げる、遠くへ打球を飛ばす、という点では抜きん出ていました。小学6年

愛読者カード　　プロ野球審判 ジャッジの舞台裏

本書をお買い上げくださいましてありがとうございました。下の欄にご記入のうえ、このカードをお送りください。今後の編集資料として活用させていただきます。

<本書ならびに当社刊行物へのご意見やご希望など>

ご感想などを新聞やホームページなどに匿名で掲載させていただいてもよろしいですか。【 はい (おすすめレベル 高 5 - 4 - 3 - 2 - 1 低) ・ いいえ 】
感想はホームページのレビュー欄に直接書き込むこともできます。

■ご注文について

北海道新聞社の本はお近くの書店、道新販売所でお求めください。
道外の方で書店にない場合は最寄りの書店でご注文いただくか、お急ぎの場合は代金引換サービスでお送りいたします(1回につき代引手数料200円。商品代金1,500円未満の場合は、さらに送料300円が加算されます)。お名前、ご住所、電話番号、書名、注文冊数を出版センター(営業)までお知らせください。

【北海道新聞社出版センター(営業)】電話011-210-5744　FAX011-232-1630
電子メール　pubeigyo@hokkaido-np.co.jp
インターネットホームページ　http://shop.hokkaido-np.co.jp/book/

目録をご希望の方はお電話・電子メールでご連絡ください。

郵便はがき

料金受取人払郵便

札幌支店
承認

1290

差出有効期間
平成25年12月
31日まで
(切手不要)

060-8751

(受取人)

札幌市中央区大通西3丁目6

北海道新聞社 出版センター

愛読者係
行

お名前	フリガナ		性別	
			男・女	
ご住所	〒□□□-□□□□ 都道府県			
電話番号	市外局番( ) −	年齢	職業	
Eメールアドレス				
読書傾向	①山 ②歴史・文化 ③社会・教養 ④政治・経済 ⑤科学 ⑥芸術 ⑦建築 ⑧紀行 ⑨スポーツ ⑩料理 ⑪健康 ⑫アウトドア ⑬その他( )			

★ご記入いただいた個人情報は、愛読者管理にのみ利用いたします。

生当時のスポーツテストでは50メートル走は7秒そこそこ、ソフトボール投げでは60メートル以上を記録しました。

小学校のソフトボールチームでは一塁を守り、5番打者として市内大会では優勝もしました。この頃から漠然とですがON（読売の王貞治氏と長嶋茂雄氏）に憧れ、いつかはプロ野球の選手になりたいという夢を描くようになりました。中学入学後に入ったのが野球部。1年生の秋から捕手になり、以後のほぼ全試合に出場しました。

新潟県立高田高校に進学すると、合格発表の翌日からグラウンドに顔を出し、入部第1号の選手となりました。高田高校は創立140年近い歴史を持ち、野球部も創部120年近くになります。これだけ長い歴史がありながら、いまだに甲子園への出場がゼロというのは全国でも珍しいそうです。

高校の野球部では、あの清原和博氏（元西武）やイチロー（シアトル・マリナーズ）でも成しえなかったような記録を作りました。3年間の全試合、全イニングにフル出場したのです。と言うと、相当にこいつは野球が上手《うま》かったのか、と思われるかもしれませんが、とんでもない！　入った時の部員はわずか6人しかいなかったのです。そんな野球部が強かろうはずがありません。一時は20人近くの部員を擁し県大会のベスト8になったこともありましたが、最後の夏も2回戦でコールド負けしました。

不満足な結果しか残せなかった高校野球ですが、まだまだ自分の力を試してみたい気持ちはありました。木のバットでも3年間で5本のホームランを打ちましたし、とりあえずは大学でも野球を続けようと、夏からは受験勉強に励みました。その合間を縫ってテレビで甲子園を見れば、「怪物」と騒がれた江川卓氏（作新学院）が雨中で力投していました。彼は高校1年生の頃から私にとっては特別な存在でした。いきなり1年生の夏の大会で完全試合を達成し、すでにその頃から全国に名をとどろかせていました。まさに同世代のトップランナーだったのです。

昭和30年生まれはプロ野球界にとって特異な年代です。後に読売（巨人）に入った江川氏を筆頭に、掛布雅之（阪神）、達川光男（広島）、大野豊（広島）、古屋英夫（日本ハム－阪神）、袴田英利（ロッテ）、平野謙（中日－西武－ロッテ）、中尾孝義（中日－読売－西武）、遠藤一彦（横浜）、藤田学（南海）、山根和夫（広島－西武）、山倉和博（読売）等々、長い間、球団の主戦力として活躍した選手の大当たりの年で、皆、高校時代から有名な選手ばかりでした。

彼らと同じ舞台に立って自分の力を試してみたい。どこまで自分の野球が上手くなれるのか、もっとレベルの高い大学の野球部に入ってみたい。そう強く思うようになったのです。

まず目指したのが当時一番レベルの高いと言われていた東京六大学でした。名門野球部で鍛えられれば人間的にも成長できるだろうし、就職だって一流企業に入れるはずだ、といった打算もありました。最もレギュラーになれる可能性があるのは東大でしたが、こちらは当時の自分の学力ではとても無理。担任の先生には「記念受験にもならん、迷惑受験だ」と一蹴されました。もちろん県大会の2回戦でコールド負けするような野球部のキャッチャーが、名門大学の野球部のセレクションに呼ばれるわけがありません。学力のみの一般入試で挑むしかないのです。

模試では合格可能性が25％程度でしたが、早稲田や慶応など4校を受けてみました。25％の可能性でも4つ受ければ計100％合格だ、などと思い込んでいたのです。当然、受験は甘いものではありません。サイコロを振るのとはわけが違います。ものの見事に撃沈され、浪人生活を余儀なくされました。それでも5校受けておけば確率は125％だった、と悔しがっていたのですから、どうしようもないバカでした。

北の大地に憧れ

野球の感触を忘れぬようマスコットバットと硬球を持ち上京して、新宿にある予備校に通い始めました。4畳半、もちろん風呂なし、共同トイレのアパートでの初めての1人暮らしでした。当初は物珍しく、授業の終わった後には新宿の街をあてもなく歩いたり、東京タワーに上ったり、後楽園球場のジャンボスタンドで巨人戦を見たり、と刺激的な毎日でした。でも新潟で生まれ育ち、電車は修学旅行でしか乗ったことがない田舎者です。それが毎日、超満員の通勤ラッシュにもまれ、右も左もわからぬ都会での生活を過ごすうちに、1カ月ほどが経った頃にはすっかり疲弊しきってしまいました。もしも首都圏の大学に合格し、そこで4年間を過ごし、就職してサラリーマンになったら一生こんな生活が続くのだろうか…。

ふと思い出したのが、高校時代にテレビで見た札幌オリンピックでした。故郷の新潟と同じ銀世界、雄大な自然、ジャンプ競技の「日の丸飛行隊」（笠谷、金野、青地の3選手で金銀銅メダルを独占）が眼下に見下ろしていた街並み、どれも素晴らしく魅力的でした。

ある日、受験雑誌を開いた時に偶然、「星影さやかに光れる北を　人の世の清き国ぞとあこがれぬ」（都ぞ弥生）という北海道大学の寮歌の一節を見つけました。「そうだ、北海道に行ってみよう」――。そう決意したのは5月の連休明け。コースを私立文系から国立文系へと転換しました。受験科目も一気に増えるし相当な負担でしたが、大きな決断をしたのです。

1人暮らしで自分を見つめる時間が増えたことで、それまで外へ外へと向いていた視線がようやく自分の内側にも向くようになりました。すると、ぼんやりとですが、自分の弱点が見えてきました。いわゆる「へたれ」（根性なし）なのです。4人きょうだいの末っ子で甘えん坊、努力が嫌いでよっぽど追い詰められないと本気になれない怠け者でした。

ここで二つの決断をしました。まず、どうしても北大に行きたいのなら北大しか受けない、と決めたのです。まさに一発勝負の背水の陣です。ここが不合格ということは、すなわち2浪あるいは就職しかありません。あえて皆に公言し、退路を断ちました。実家にも「大学生になるまでは家の敷居はまたぎません」と葉書を出しました。さらに1日最低12

時間、机に向かうことにしました。とにかく当時の学力では飛躍的に伸びなければ合格圏に達しないし、受験科目にしても3科目から6科目（英・数・国・社会2・理科）に増えるのですから、時間はいくらあっても足りません。ようやく立ちはだかる壁の高さを実感し、本気で勉強に取り組むようになりました。

こう言うと生意気に聞こえるかもしれませんが、実は「勉強は野球よりも簡単だ」と思っていたのです。素振りは何百回やっても、すぐに結果が出ません。ジャストミートしてヒットを打つのは本当に難しい。でも勉強は努力の成果がじきに数字で現れてきます。凡才でも努力をして量をこなせば、必ず成果が伴ったのです。

夏の終わり頃には偏差値が大幅に伸び、年明けの模試ではほぼ合格間違いなしというレベルに達することができました。さすがに入試当日は鉛筆を持つ手が震え、額には脂汗がにじみ出るプレッシャーを感じましたが、1科目目の英語の長文がすらすらと読めた時には平常心を取り戻し、ほぼ実力通りの答案を書くことができました。

1975年3月末、「エルムノソノニハナヒラク」（「エルムの園に花開く」）の合格電報を握り締め、意気揚々と青函連絡船に乗り津軽海峡を渡りました。もちろんすぐに硬式野球部に入り、高校時代同様、この北の地で4年間の全試合に出場して大いに野球を楽しむつもりでいました。ところが、ここでたっぷりと挫折感を味わいました。

北大野球部については全く知識がなかったのですが、相当の強豪チームだったのです。所詮《しょせん》は国立大学の野球部だから、サークル活動の延長程度と思っていました。ところが聞いてみれば、前年の春には宿敵・札幌大学と死闘を演じた末に最終回に逆転サヨナラ負けを喫し、あと一歩のところで神宮（全国大会）出場を逃したほどでした。その年の札幌大学は大学選手権ベスト4まで勝ち上がっていたのです。北大の部員はほとんどが高校時代の3年間みっちりと野球に打ち込んだ経験を持ち、「俺よりもとんでもなく上手いなぁ」と見惚《みほ》れる選手が何人もいました。

実際、当時の北海道六大学（今は札幌学生連盟と北海道学生連盟に分かれています）では北大は常時2位か3位、悪くとも4位で入れ替え戦の経験はありませんでした。創部110年の歴史を持ち、このグラウンドにおいて日本で初めての学生野球が行われた、との説もあります。リーグ優勝は春秋合わせて6回、全国大会にも4回出ています。2010年春の大学選手権では2勝し、準々決勝でエース塩見貴洋（現・楽天）や4番秋山翔吾（現・西武）を擁する八戸大と延長十四回を戦ってサヨナラ負け、惜しくも全国ベスト4を逃した実績もある、そんな野球部です。

同期で入部した1年生は10人以上いて、部員数も計40人近くに膨らみました。監督やコーチは毎日、グラウンドに顔を出し厳しいノックを浴びせてくれました。練習後のミーティングの内容も濃く、大学野球のレベルの高さに驚かされました。ですから、いざリーグ戦が始まれば、私の実力ではベンチ入り（25人）などできるわけがありません。スタンドの応援席で応援団と一緒に声をからすか、はたまたネット裏でスコアを付けたり、時にはスコアボード裏へ行ってぼやきながら得点板に点数を入れるような雑務ばかりを任されたのです。

こんなものは野球じゃない！　私にとっての野球の面白さとは、まさに自分が投げて打って走って守って……自分がグラウンドの主役であってこそ味わえるものでした。試合に出なくて野球のどこが面白いのか？　入部早々はふてくされた時期もありました。

それでも野球でプレーすること自体は心底、好きでした。上手くミートできた時の手のひらの感触、ベースを駆け抜ける爽快感、難ゴロをうまくさばいてグラブに収める快感、ボールの縫い目がきちっと指先にかかった時のスピンの余韻、どれもが魅力的で、グラウンドへ行くのが楽しみだったのです。

ベンチにも入れない日々は続きましたが、それでもいつしか試合が始まれば自軍の応援にのめり込むようになりました。早々とレギュラーをつかんだ同期生にも素直にエールを送ることができました。そしてようやく真の野球の面白さに気付き始めたのです。野球は試合に出ている9人だけでやるものではない、控え選手のみならず普段の練習を支える全部員の力を結集させるのが試合なのだ、という当たり前のことを少しは理解するようになったのです。

打撃投手がいて、ブルペン捕手がいて、ノッカーがいて、球拾いもいて、すべての者がその役割を果たすことが必要なのです。監督、コーチ、マネージャーらを含む大家族、それがチームなのだということを北大の野球部は教えてくれました。登録外選手になり、それ

北大野球部時代。小樽商大との試合で二塁打を放つ

まで培った野球に対する自信を失いましたが、傲慢《ごうまん》さも消し去ってくれた貴重な経験でした。

やがて、ベンチ内にも入れるようになり、2年生になる頃には時折試合にも出られるようになりました。キャッチャーは早々とクビ、この頃は三塁を守っていました。打撃も好調な時は4番を任されることもありましたが、なにぶんにも守備がまずいのです。捕球難もさることながら、送球が勢い余ってそのまま一塁側スタンドにいる応援団を直撃、なんてことが度々ありました。

こんな惨状を見かねた監督からピッチャーをやってみないか、と言われました。自分の打撃センス、守備センスにはまるで自信は持てませんでしたが、体の強さ、地肩の強さだけは部内でも屈指と思っていただけに、これもチャンスだと取り組んでみました。技巧派など最初から目指していません。とにかく速いボールだけを、ベースの真ん中ではなくちょっと端っこを狙って投げる、という程度の意識で投げ込みました。

成果は意外に早く現れました。とても主戦級とは言えませんが、リーグ戦のローテーションの谷間では先発を、負け試合では中継ぎを、という起用でした。それでも運良く3年生の秋のリーグ戦ではロングリリーフで8回を零封、公式戦初勝利を挙げることができました。ますます野球が面白くなってきました。

この夏、ある女性にプロポーズをしました。中学時代の同級生だった女の子で、今で言う遠距離恋愛でしたが、それまでに書いた手紙は200通以上にもなっていました。男女の仲は言葉では説明しがたいもの、とにかくお互いに強く惹《ひ》かれ合っていました。卒業後は結婚しよう、との言葉に彼女も快く応えてくれました。それが現在の妻のかおるです。

そこで初めて就職を意識し、結婚するならばきっちりと4年で卒業し、それなりに安定した職業に就かねばならない、と思ったのです。では、何をやって飯を食うのか。できれば一番好きなことで飯を食いたい。では好きなことは何か。やはり野球なのです。

この頃は2年間の教養部を終えて文学部の国文科へ移行し、毎日、研究室で井原西鶴や森鷗外、万葉集、古今和歌集などを読んでいました。こういった文献を読み込み、解釈の研究をする勉強もそれなりに面白いし、就職にしても当然この方面に意識が向かうものです。実際、国文科同期生14人のうち私以外は皆、教員や研究者になっています。ただ、その勉強よりも断然面白かったのが野球でした。

何が面白いのか。まず一生懸命に練習して正々堂々と勝つことです。潔く負けることです。努力の報われる喜び、報われぬ悲しみ、勝利に向かうチームの仲間との一体感、友情、練習での創意工夫等々、野球はこれからの実人生のすべてを教えてくれるような気がしたのです。

「よし、野球で飯を食おう！」そう、決意しました。ということは、イコールでプロ野球の選手になる、ということでした。可能性としては限りなく0％に近いものでしたが、とにかく4年生の秋のリーグ戦が終わるまではとことん目指してみるつもりでした。

その頃から練習への取り組み方も変わってきたと思います。少なくとも卒業後も野球を続けるなら一定水準以上の実績と技量が必要です。北海道六大学の公式戦で通算1勝2敗の投手が注目されるわけもありません。でも、完全に夢が絶たれるまではとことん頑張ってみようと決意し、冬場は猛烈な走り込みとウエートトレーニングに励みました。

春先の千葉合宿では確かな手応えを感じました。ストレートの伸びが格段に良くなり、中央の強豪校との練習試合でもそこそこに抑え込むことができました。プロへの可能性はゼロから1％くらいにはなったかな、と思えました。

ところが意気揚々と合宿を打ち上げた北大球場で、とんでもない失敗をしてしまったのです。夕闇迫る頃、練習最後のベースランニングでした。新入部員を前にして「これが大学生の殺人スライディングや」とふざけてフックスライディングを披露したところ、スパイクの刃をもろにひっかけて転倒。その瞬間「バキッ」という鈍い音が聞こえ、右足首を完全に骨折しました。この日で大学4年目のシーズンはほぼ終わりました。

担ぎ込まれた北大病院での診断では全治4カ月、すぐにギプスを巻かれ寮のベッドで寝ているだけの生活となりました。松葉づえをついて見に行った春のリーグ戦では宿敵・札幌大学に勝利し、同期の4年生の皆が歓喜の涙を流していました。優勝はあと一歩のところで逃しましたが、あの興奮の輪の中にいられぬ寂しさで心が張り裂けそうでした。

7月の終わりにギプスは取れましたが、あの太かったふくらはぎは「これって腕かぁ?」というくらいに細くなっていました。皆が北大球場で秋のリーグ戦を目指し練習に励んでいる頃、私は隣の陸上競技場でとぼとぼと歩行訓練をしていました。投げられるようになったのは8月下旬。秋のリーグ戦で最後に1試合1イニングだけの思い出登板を与えてもらえました。こんな不完全燃焼で学生野球の幕は閉じられたのです。

こんな選手にプロ野球から声がかかるわけがありません。プロ入りを志望する学生なら、今は高校野球連盟や各地区の学生野球連盟を通じて事前に届け出を出し、リストから選ばれることになります。私が大学を卒業した頃は届け出は不要でした。一応ドラフト当日には学生服に着替えて寮の電話の前で待っていましたが、もちろんギャグ。それでも野球への情熱は衰えることなく、「野球で飯が食いたい」という気持ちに変わりはありませんでした。

そこで、次に目指したのがスポーツ新聞の野球担当記者でした。文学部に在籍していたので文章を書くのは好きだったし、何よりも野球の現場にいられるのが魅力でした。毎日、球場に出かけて「やぁ、江川君、株の、いや肩の調子はどう?」とか「原ちゃん、絶好調だね。手首の返しが上手くなったんじゃない?」なんて声を掛けながらプロ野球を観戦し、論評できたらどんなにか楽しいだろう、と思ったのです。

第一志望は日刊スポーツ（東京）でした。青い見出しが斬新で、ブランド力もありました。300人近い受験者がいましたが、幸い1次、2次、最終面接と残り、7人の合格内定者に入ることができました。「野球で飯を食う」、この夢は半ば叶《かな》えられたかな、とほくそえみながら4年前とは逆方向の津軽の海を渡りました。海は穏やか、まさに順風満帆な旅立ちだと思えました。

販売局への配属

1979年、喜び勇んで上京し、各部署で新人研修を受けながらも、心は野球担当記者一直線です。現場研修で当時の後楽園球場のプレス席に座った時には、ここが生涯の仕事場になるのかと身震いさえしました。研修ノートには毎日、記者気取りで野球のことばかり3、4ページも書きました。

5月の連休中には婚約者も呼び寄せ、新居や挙式の段取りも済ませました。ところが連休明け、新入社員の配属先発表に愕然《がくぜん》としました。販売局勤務の辞令をもらったのです。同期入社は7人いましたが野球経験者は私1人、あとは応援団だったり、ESS（英会話サークル）、オーケストラ、アメリカンフットボール、広告研究会、競馬愛好会といった面々。当然、自分の配属先は編集局の運動部プロ野球担当、それも即戦力記者くらいに思い込んでいたのですから。

この日から2年9カ月間、悩み続けました。五十路半ばを過ぎた今でなら、与えられた仕事に生きがいを喜びを見つけ出すのも人生、と若者には諭すでしょう。でも、この時は野球しか見えませんでした。

新聞社といえども会社です。記者だけではなく、総務部や経理部もあり広告局や販売局の営業部門もあり、印刷をして最後には搬送・配達をして、このように全社員の働きがあってこそ読者の手元に届くのです。この構図はまさに野球部そのものでした。会社だって花形のレギュラーだけで成り立っているわけではありません。せっかく大学の野球部でそれを学んだのに、心の芯の部分では理解できていなかったのでしょう。なぜこんなに野球が好きな俺が販売局なのだ、と不平不満の毎日でした。

半年間の内勤（部数管理部門）を経て、千葉県内の朝日新聞専売所を回る担当員となりました。ここで店主さんとセールスの戦略を練ったり、店員会に出席して日刊スポーツを勧める日々が始まりました。拡張デーを企画し、洗剤と契約用紙を持って1軒1軒の呼び鈴を鳴らしたこともありました。全店会や幹事会では「わが紙面の特徴は何か」とか、「最近のスクープ記事は」などのプレゼンテーションにも励みました。夜は店主さんと酌み交わすことも度々でした。

その頃には同期入社の新人記者が書く野球記事が大きく1面を飾るようにもなっていました。「俺ならこう書くのに」とうらやみ、新聞を売る辛《つら》さや野球現場への渇望感から毎年のように異動願いを出したのです。しかし見送られたまま、3年近くが経ちました。

人間には二つの生き方があると思います。一つは好きなことを仕事にする。もう一つは就いた仕事を好きになる。できれば皆、好きなことを仕事にしたいでしょうが、やりたいこととできることは違います。好きなことを仕事にできるのは例えばプロスポーツ選手であったり、芸能人であったり、芸術家であったり、研究者であったりと、ごくごく一部の人間だけです。

自分の希望と能力との折り合いをつけ、最善の道を選んでゆくのが成長ということだと思います。結果、就いた仕事を好きになるよう努力し、そこに働く喜びや生きがいを見出してゆくのがほとんどの人の人生なのでしょう。しかし若い自分にはそれができませんでした。どうしても営業マンの仕事を好きになることができず、野球への夢が膨らむばかりでした。

ただ、その頃には中学の同級生だった彼女と結婚し、長男も生まれていました。給料も良く仕事にも慣れ、居心地の良さも感じていました。営業のノウハウも覚え、好景気という時代の追い風でそれほど一生懸命にやらずともそれなりの数字が残せました。各社とも最大発行部数を記録した頃でした。真面目に勤め上げていればそのうち販売局の次長にはなれるだろうし、部長にもなれるかもしれない。安定したサラリーマン人生も悪くはないか……。

天からの啓示

が、心のどこかで「それで本当にいいのか」という葛藤は常にありました。お前が本当に好きなのは野球だろ？　女房・子供の前で「大志」を目指す自分の姿を見せないでいいのか、という思いが消えることはありませんでした。もやもやとした気分でプロ野球中継を見ていた時、突然わが人生の転機が訪れました。まさに天からの啓示のようでした。

1981年の日本シリーズ。この年はともに後楽園球場を本拠地とする日本ハムと読売（巨人）の対戦でした。スポーツ新聞社はどこか鷹揚《おうよう》なところがあり、ことにスポーツの実況中継をやっている時は社内のテレビはつけっ放しでした。それを皆でわいわい言いながら勤務時間中でも観戦していてよいのです。今日の試合で読売が勝って日本シリーズを制したなら明日の駅売りは増刷だな、などと販売局内で話していました。で、のんびりと皆でテレビ観戦をしていたある瞬間に衝撃が走ったのです。

それまで野球といえば選手、あるいは監督やコーチしか見ていませんでしたが、あのフィールド内にはブルーのユニフォームをまとった6人の男たちがいるのを初めて意識しました。そう、審判です。その存在に目を奪われました。きびきびと動き回り、大きな声と切れのあるジャッジでこの大舞台を仕切っていました。あの江川卓が最後の打者・五十嵐信一（現・日本ハム二軍監督）をピッチャーフライに仕留めて拝み取りをした背後を、何人かの審判たちがお互いにほっとした表情で笑みを交わしながら走り去っていきました。なんて格好いいんだろう……。

日本で何千万人もの野球ファンが今、この試合に注目していました。選手たちの一挙手一投足をこの審判たちが裁いていたのです。球審が「プレーボール！」と声を掛けて試合が始まり、すべてのアウトもセーフもこの審判たちのジャッジで進行します。主役は選手であろうとも、この試合を仕切っているのは間違いなくこの6人の男たちでした。

私は体格がいいし、視力は当時、両眼ともに1・5。声もでかいし態度もでかい。なによりも野球が好きだ。この仕事は絶対に自分に向いている、と瞬時に確信しました。まさにプロ野球の現場に立ち、それも選手と違って相当に長い間、勤めることもできそうです。これこそ天職に違いない、と思えたのです。

すぐに行動に移りました。今ならパソコンを駆使して、検索サイトでどうしたらプロ野球の審判になれるのかを調べることもできます。ところが当時はさっぱりわかりません。いったいどんな人がどんな方法で審判になるのか。早速、同期入社したプロ野球の担当記者に聞いて調べてもらいました。すると審判になる方法は三つあることがわかりました。

第1はプロ野球の退団者がその球団からの推薦状をもらう方法で、これが一番多かったようです。プロ野球の創成期はほとんどがこのケースですし、当時も審判部の3分の2近くが元プロ野球選手でした。彼らは当然、基本的な運動能力や野球センスを十分に持っていますし大成した審判も数多くいます。反面、プレーヤーとしてはあまり実績もないだけに、とかく現場では舐《な》められがちな点がかってはあったそうです。

第2はアマチュア野球の審判界で腕を磨いて実績を作り、例えば東京六大学とか社会人、各県の高野連のトップレベルとなって、その所属連盟からの推薦状をもらって入る方法です。こういった方々も多いようでした。ルールの精通度や基本的な判定技術、判定動作などはピカイチでした。

第3は滅多《めった》にないのですが、スポーツ新聞等に公募の記事を載せ、広く一般から募集しテスト採用するケースです。ただパシフィック・リーグでは前年にやったばかりで新人2人を採用しており、残念ながらこの年の一般公募はありませんでした。また公募の場合にはとんでもない倍率になるとも聞きました。

いずれも厳しい大前提として「欠員が出なければ採用はない」ということでした。ですから4人も同時に採用されることもあれば、何年も採用ゼロが続くということもあります。まさに運とタイミングです。

この時点では、自分は三つの方法のいずれにも当てはまりません。ということはプロ野球審判への道は閉ざされているということですが、そう簡単には諦《あきら》められませんでした。何とか自分で道を切り開くしかない、そこで今でも冷や汗ものの突拍子もない行動に出たのです。

パ・リーグ会長に直訴

何と名刺1枚を持って当時のパ・リーグの会長だった福島慎太郎氏の元へ採用の直談判に行ったのです。「かようの者ですが、ぜひ審判として採用してください」と。今、思えば日刊スポーツの名刺でしたので、リーグ職員の方が採用関連の取材だと勘違いされたのかもしれません。

会長は呆《あき》れていました。そして一笑に付すどころか、一蹴されました。「冗談を言うんじゃない。君はプロ野球経験者でもないし、審判経験もないのだろう？ ルールブックすら読んだこともない者がどうしてすぐにプロの審判になれるのかね？」。ほんの数分で追い返されました。ごもっともです。いきなり上場会社の社長に会って明日から御社の社員にしてください、と言うようなものですから。

その場では納得し意気消沈しましたが、それでもまだ審判をやってみたいという気持ちはそう簡単には萎《な》えませんでした。確かに何の準備も実績もない。ならば、とにかくまずは審判のイロハを学び、ルールブックを読み、体を鍛え直そうと決断しました。

となると、サラリーマンをやっていたのではとても時間がありません。店主さんたちとの毎夜の付き合い酒で下腹はぷっくりと突き出て、運動もせいぜい週に1回の草野球程度。ルールブックだって読んだこともないし、そもそも審判というのはどんな位置でプレーを見るのか、どんな手の上げ方をするのか、正確なストライクゾーンとはどの範囲なのか、まるで知らないことばかりでした。本気で審判を目指すなら受験勉強の時と同様、少なくとも1日12時間以上のトレーニングや基本的技術の習得、ルールの勉強が必要だと思いました。

「よし、会社は辞めよう」と決断するのにさほどの時間はかかりませんでした。この時点ではまだ何も決まっていないのに、早々と辞表を出してしまったのです。妻は当然ですが、猛反対しました。せめて次の見通しがたってからにしてください、と。長男はやっと1歳になったばかりで子育てに追われていましたし、今の安定した職場をなぜ捨てるのか、到底理解できないようでした。もうちょっと我慢すれば異動もあるだろうし、そもそも野球が好きならば、むしろ「仕事」にせずに、この先もずっと「趣味」で楽しめばいいでしょう、「仕事」にしてしまえば、もう野球を心の底から楽しめなくなりますよ、とも訴え、首を縦に振ることは決してありませんでした。

周囲の反対も大変なものでした。新潟の実父の怒りはすさまじく、「お前は俺の息子だ。たいした運動能力や野球センスがないのは十分にわかっている。プロ野球などという、特殊な天才ばかりの世界でお前が務まるわけがないだろう。身の程を知れ！」と怒鳴られました。終戦を満州で迎え、そのままシベリアに抑留されて命からがら、ようやく2年後に帰国した苦労人です。雑貨の行商から始め、毎日汗水流して地道に働き、こつこつと「実業」の道を歩んできた父にとってはプロ野球の世界などまさに「虚業」でした。

一部の友人らは「面白いじゃないか、やれ、やれ」とはやし立ててくれましたが、本当に我が身を心配してくれる人たちは誰一人として賛成しませんでした。

11月末に辞表を出し、その翌日、当時のある取締役の元へ退社の挨拶《あいさつ》に行きました。残念ながら日刊スポーツ社では野球記者をさせてもらえませんでした。かような事情で退社し、今後はプロ野球の審判を目指しますと話したところ、せせら笑いを浮かべ、こう言われました。

「君のような甘ちゃんは絶対にプロの審判にはなれないよ。まぁ運良くなれたとしてもせいぜい2、3年でクビになるか、自分でケツをまくってしまうかだろうね。サラリーマンも務まらない奴がプロ野球の世界で飯を食えるわけないだろう！」と罵倒されたのです。

この時の怒りと悔しさは今でも忘れられません。私は人前で滅多に涙を見せたことはありませんが、さすがに悔し涙がにじんできました。怒りで拳《こぶし》が震え、このまま殴りかかろうかという衝動にも駆られました。こんなにも野球の仕事への強い希望と夢を持っているのに、それを理解してもらえずに退社を決断した。その若者へのはなむけの言葉がこれだったのです。

この一言で決意がますます強固になりました。何が何でもプロの審判になって、見返してやる！　あなたの目の黒いうちに絶対に野球界で成功してみせるぞ、と。もう故人ですから真意はわかりません。でも、ひょっとしたら最高の励ましの言葉になっていたのかもしれないなぁと、今では思っています。実際に苦しかった時でも踏み止まれたのはこの時の屈辱があればこそ、でした。

孤立無援の中、トレーニングを始めました。それまでに使ってなかった有給休暇をたっぷりと持っていましたから、12月はほんの数日、残務整理で出社すればよいだけでした。毎日、午前中は近所にあった東京商船大学（現・東京海洋大学）のグラウンドでの走り込みやダッシュをこなし、午後はルールの勉強に当てました。審判関連の本も多数読み、どういった職業なのかというイメージもだんだんとつかめてきました。

肝心の実技については日刊スポーツの記者を通じて紹介してもらい、当時、横浜に住んでいたパ・リーグの現役審判・前川芳男氏の下に弟子入りをしました。基本的な審判の動作やコールの仕方、今後に必要な勉強なども教示してもらい、こちらの熱意も懇々と伝えました。

1981年12月31日をもって退社しましたが、直後の年明けは決して希望に満ちた明るいものではなく、気まずくて新潟の実家には帰省しませんでした。今で言うところのプータロー、この先どうなるか全くわからぬ状態のまま、パ・リーグの仕事始めの日に、とにかく再度意を決して会長と事務局長に面談を申し込んだのです。もちろん今度はアポも取りましたし、それなりの下準備もしておきました。

1カ月半の間に猛烈なトレーニングを積み、体も引き締まりました。現役審判の指導の下で基本的な判定動作も学びましたし、前川氏からの強力な推薦ももらえました。約250ページあるルールブックはほぼ丸暗記しました。すでに会社も辞め、「審判という職業にこれからの人生のすべてを賭けています」とその場で切々と主張しました。嘘《うそ》だと思うなら試してください、と前年の公募時のルールテストを受け、全問正解の満点を取りました。

この熱意が通じたのかもしれません。この時も会長らは呆れていましたが「もう会社まで辞めてしまったのか…。じゃ、1月も2月もずっとフリーなわけだな。仕方がない。特例中の特例だが、テスト生として川崎球場での審判部の合同トレーニングに参加しなさい。もしも見込みがありそうならばキャンプに連れて行って最終テストをする。その結果が良ければ採用しよう」と言ってもらえたのです。もちろんまだ採用が決まったわけではありませんが、とりあえずプロ審判の世界の扉の前までは来ることができました。まずはひと安心しました。

帰宅後、妻には意気揚々と夢を語りました。「採用テストなど難なく突破できるよ。最初の3、4年は二軍で苦労するかもしれないが俺なら絶対に大丈夫、すぐに一軍戦でバリバリと活躍し、給料だってたくさんもらえるようになるさ」と調子のよいことばかりを話しました。ナイター照明の下で、格好よく裁く自分の姿が夢に出てくるほどでした。

テスト生として始動

2月1日は「野球界の元日」と言われます。この日から選手全員がユニフォームを着用してキャンプインし、ペナントレースへの第一歩を踏み出すのですが、審判部の合同トレーニングも同様に始まります。

川崎球場には午前10時集合でしたが、緊張して9時前には到着し、まだ開門する前の路上で待っていました。そのうち体格のよい何人かの先輩たちが姿を現しました。この時点では実はまだ誰とも面識がなく、顔と名前も一致していません。辛《かろ》うじて選手名鑑で名前だけは覚えてきましたが、ほとんどは初対面でした。そもそも審判の顔など、相当の野球マニアでなければ知らないと思います。とにもかくにも来る人に挨拶し、球場内へ招き入れられました。

6畳程度の狭い審判室ですから、のんびりとできるのはベテランのみです。確たる序列があるようで、無言のうちに座るべき場所も定まっているようでした。もちろん若手は薄暗い通路に新聞紙を敷いたり、風呂の脱衣場で立ったまま着替えるしかありません。中堅どころの先輩たちは早々とグラウンドに出て自主トレに励んでいました。

私はまだマスクとか帽子、プロテクターなどの用具は一切持っていませんので、練習に先立ち、先輩方からの借り物をあてがわれました。当時はアウトサイドプロテクター（大きな座布団のようなもの）を使っていた時代ですから、こんな大きなものを抱えながら俊敏に走り回らねばならないのかと、いささか不安になりました。マスクは意外と重く、かぶってみると視野は狭く、首筋が疲れるのです。他にも球審用（安全靴のようにつま先に鉄板入り）と塁審用のスパイク、レガース（防球用の脛《すね》当て）、ユニフォーム一式、インジケーター（カウントを確認する用具）、刷毛《はけ》（ベースを掃く）などが貸与され、何とか格好だけはプロの審判員となりました。

11時ちょうど、マウンド付近にパ・リーグ関東所属の全審判員12人が集まり、部長訓示の後に自己紹介をさせられました。私を見つめる審判の皆さんの眼光は鋭く、大柄ながら身のこなしも軽快で、何よりも発する声の大きさには驚かされました。

まずは体操、ストレッチなどで体をほぐし、その後たっぷりと走らされました。ダッシュは2カ月ほど相当量の自主トレに励んだ成果でこなせましたが、いざ実戦を想定したゴー・ストップ（アウト、セーフのアクションを伴う基本的なトレーニング）や、ブルペンでの投球判定練習になると右も左もわかりません。ここから先は1人だけの特別メニューとなりました。

「じゃ沖さん、頼みますよ」と審判部長が声をかけたのが、この日から丸々8年間もお世話になった当時の指導員・沖克巳《おきかつみ》さんでした。ずんぐりとした体形で刑事《デカ》長のような鋭い眼差し、例えは悪いが鬼瓦《おにがわら》かオコゼのような面相で腕を組んだままギョロリと睨《にら》まれ、「君がヤマサキか？　野球をやったことはあるのか？」と聞かれました。「はい、中高大学で10年間やりました」と答えたところ、「バカもん、野球ってのはプロだけが野球なんだ」と一喝されました。

直立不動で挨拶した後、最初にプロ審判としての心構えを説かれ、嫌ならいつでも辞めなさいと言われました。やりたい人間はなんぼでもいるし、無理に君にやってもらう必要は何もないのだ、と突き放されました。愛想のない人だなぁ、というのが第一印象でした。なんだか取っ付きにくくて、怖くて先が思いやられます。自分の名前の呼び方は「ヤマザキ」と濁音が入るのに、最後の最後まで「ヤマサキ」と呼び続けました。相当に頑固なのでしょう。

川崎球場での合同トレーニングは十日間ほど続けられ、この間、徹底的にしごき上げられました。相撲界で言う「かわいがり」同様の号令調整（コールの練習）で、それこそ脳内の血管がぶち切れそうと感じるくらいの大声を出し続け、途切れればケツバットです。日に日に声はかれ、ついにはまるで出なくなりました。「ストライーック！」と言っているつもりでも、沖さんには「ヒヒョラヒーク…」としか聞こえなかったでしょう。

それでも不思議なもので、この段階を通り越えるとまた出るようになるのです。それもさらに野太く、大きな声が。プロで10年もやった審判は皆、素晴らしい声をしていますが、それもこういった訓練の賜物《たまもの》なのです。

ここでの基本的なトレーニングを終えると、何とか一次テストは合格したようで、キャンプにも連れて行ってもらえることになりました。各キャンプ地には5人から6人のクルーで派遣されます。私が行ったのは阪急ブレーブス（現オリックス）の高知キャンプでした。当時の阪急は日本シリーズV3を達成した後でしたが、まだまだ主力は残っており玄人好みの勝負強いチームでした。

打者ならば福本豊、長池徳士、加藤秀司、ボビー・マルカーノらがそろっていましたし、投手陣は下手投げの大エースだった山田久志を筆頭に、豪球で知られた山口高志、佐藤義則、今井雄太郎、山沖之彦などまさに多士済々で、高い技量を持ったプロフェッショナルな選手ぞろいでした。

その初日のブルペンで、まずは度肝を抜かれました。これがプロの投手の投げる球なのか、と唖然《あぜん》・呆然《ぼうぜん》としたのです。まだほんの調整段階なのに、山口や佐藤義の150キロ近い速球が文字通りミットに吸い込まれるように飛び込んでくる。山田のカーブはそれこそホームベースの端から端までよぎるように滑ってくるし、シンカーは膝《ひざ》元で視界から消えてしまうほど落ちる。今井のシュートは右打者の懐に伸び上がりながら食い込んでくる。

新潟で生まれ育ち、北海道で野球を楽しんだ三流選手にはどれも見たことのないすごいボールでした。こんなボールを投げるのがプロなのです。そして、それをまた打ち返せる打者がいる…。プロの世界の恐ろしさを初日にして知りました。だめだ、とても自分の学んできた野球のレベルでは手に負えない。初めてブルペンに足を踏み入れた時にはいよいよ「**サイ**は投げられた」と思ったのですが、数十分後には「**サジ**は投げられた」という心境でした。

それでももう会社も辞め、戻るところはありません。ダメと思っても前へ進むしかないのです。ブルペンではうろたえ、フィールド内に入れば審判のフォーメーションなど全く知りませんから、背後で先輩や指導員に怒鳴られても固まったままでした。本当にど素人が1人交じって周りに迷惑をかけているなぁという、情けない思いでいっぱいの日々でした。

初めてお付き合いする現役審判員は皆、個性豊かな（アクの強い？）方ばかりでした。高校・大学時代は上下関係の緩い、極めて自由な雰囲気の野球部で育ってきたので、先輩方には相当に気を使いました。

今でこそ審判はキャンプでホテルの個室（ツインルームのシングルユース）を与えられていますが、当時は和風旅館で賄い付きの団体生活が原則でした。若手は8畳間での2人部屋ですから、24時間気の休まる時がありません。朝は一番早く起きて先輩方のコーヒーを用意し、食事時は無駄口を叩《たた》かずに正座をしていただきます。出発前には1時間のルール勉強会。その後、玄関先に並べられた全員のスパイクを大急ぎで、かつ丁寧に磨き、出発15分前には待機をしていなければなりません。

練習後も鏡川（高知市）沿いでの特訓が待っています。対岸にいる先輩方に聞こえるよう、ひたすら「ストライーック！」と声を出し続けますが、先輩たちからは「聞こえないぞー！」とそれよりも大きな声が返ってくるばかりでした。橋の上を渡る人たちは何事かと覗き込んで行きました。へとへとに疲れて旅館に帰っても、風呂は当然順番待ちで最後です。

やっとありついた夕飯を食べ終えても「お先に失礼します」などと言って席を立てるわけがなく、ひたすら先輩の水割りを作ったり、調理場から熱燗《あつかん》を運んだりしていました。酔うほどに会話が訓話になり、訓話が説教になり、その説教が怒声になることも度々でした。「野生の王国」と呼ぶにふさわしい、相撲部屋のような封建社会でした。

キャンプイン当初は朝から茶碗に5杯は食べていた旺盛な食欲もすっかり落ち、紅白戦が始まる頃にはもうプレッシャーでまるで胃が受け付けなくなっていました。テスト生ゆえ、1回でもミスジャッジをすればそこで終わり、とさえ思い込んでいたのです。そもそも審判技術などあるわけもなく、取りえは元気だけだと開き直り、必死の思いで食らいついていきました。

唯一の息抜きはキャンプでの休日です。朝食後、やっと解放されたと鏡川の畔《ほとり》を1人でぶらぶらしていたところ、沖さんから「ヤマサキ、桂浜にでも行ってみるか」と声を掛けられました。ようやく、怖いばかりではなく人情味のある優しい人だとわかりかけてきた頃でした。

バスに乗ること1時間、着いた桂浜から見える太平洋の大海原は青く、広く、大きく、まさに心が洗われる思いでした。そこにそびえ立つ坂本龍馬像の視線は遠くアメリカの地を見据えているそうです。『竜馬がゆく』（司馬遼太郎著）は学生時代に2度読み、最も感銘を受けた本でもありました。この先、どうなるか全くわからないが、それでもとにかく前へ突き進んでいった龍馬から「負けたらいかんぜよ」と無言の励ましをもらえたような気がしました。

高知は特に思い出深い土地です。この年の阪急に始まり西武、ダイエー（現ソフトバンク）のキャンプや「黒潮リーグ」（二軍の秋季教育リーグ）などで延べ200泊以上はしたでしょう。奇《く》しくも現役最後の年（2010年）にもオリックスの2次キャンプでこの地を訪れたのです。いろいろなことがありました。

春野球場（西武キャンプ地）からの帰り道、バンダナを巻きサングラスをかけてノッシノッシと走っていたら、小学生の一団から「あっ、清原だ、サインくださーい」と追いかけられたことがあります。私が183センチ、88キロの体躯《たいく》のため見間違えられたのですが、そこで茶目っ気を出し「あかん、あかん、今トレーニング中や」と逃走。最後にはサングラスを外して本人でないことがばれてしまい、大ブーイングを浴びました。

繁華街の川端筋の屋台では餃子《ぎょうざ》をほおばっている当時ダイエーの王貞治監督に会い、気さくに声をかけてもらったこともあります。その時には審判団への差し入れも10皿ほど届きました。メンバー交替時には「アンパイア！」とか、時には「おいっ！」と呼びつける監督が多い中、王監督だけはどんな年下の審判でも「○○さん」と呼んでくれたのが印象的でした。もちろん審判団は誰もが日常の会話でも「王さん」と敬称を付けていました。

初のキャンプを打ち上げた2月末の翌日、「近いうちに印鑑を持って連盟に来るように」との電話がありました。へとへとに疲れ果てて寝込んでいる時でしたが、どうやら採用となったようです。一応、キャンプの中盤には審判部長から内定をもらっていたとはいえ、一抹《いちまつ》の不安がありました。契約の場に立ち会った事務局長からは「まだものになるかどうかはわからないが、体格も良いし元気もある。何よりも仕事への情熱を感じた。選手同様、何年かやって見込みがないならクビもありうる厳しい世界だが、とりあえずは頑張ってみなさい」と言われ、契約書を手渡されました。

果たして本当にこの世界でやっていけるのか、ここにサインをしてもよいのか。大きな不安を抱えたまま、とにもかくにも1982年3月5日にパ・リーグ審判員・山崎夏生は誕生したのです。あえて不安には目をつぶり、明るい未来だけを見つめようとしていました。妻は失職状態を脱してホッとしていましたが、その表情が晴れ晴れとしたようにはとても見えませんでした。

年俸序列という現実

不安もありましたが、当面の目標であったプロ野球の審判員にはなれたのです。その喜びに舞い上がり、サインをした時にはほとんど契約書には目も通していませんでした。喜びをかみしめながら帰宅し、じっくりと契約書を読み込んでいったところ、年俸額が書き込まれた部分で視線が止まり、がっくりと肩を落としました。金額は「160万円」と書き込んであったのです。もう30年も前のこととはいえ、高卒のドラフト外選手の最低年俸でさえ240万円の時代です。ちなみに日刊スポーツ退社時には340万円ほどもらって

念願かなってパ・リーグの新人審判となり、ユニホームを着てグラウンドを走る山崎
＝1982年、西武第２球場

いたのですから、年収は半減以下になったわけです。

野球界には「年功序列」ならぬ「年俸序列」という言葉があります。選手の球界内での存在価値は年俸額そのものなのです。監督からコーチ、選手、裏方、審判まで含めて千人ほどいるユニフォーム組には壮大なる年俸ピラミッドができていますが、年俸160万円はまさにとびきりの最下層でした。球界内では最も価値のない人間、という現実を突き付けられたのです。

「野球で飯が食いたい」と啖呵《たんか》を切って会社を辞めたのに、野球のおかげで飯が食えなくなってしまいました。初任給の手取りは、9万9800円というまさに激安価格でした。**白球**を追いかけたら…文字通り、**薄給**になった、では洒落《しゃれ》にもなりません。

プロ野球界での苦労の第一歩は、グラウンドではなく経済的なものから始まりました。妻には申し訳ないのですが、1歳になったばかりの長男を背負ってまた働きに出てもらいました。結婚当初に勤め、出産を機に辞めた朝日新聞と日刊スポーツの活字製造を請け負っている子会社の事務職でした。社長さんは我が家の事情を察し、快く再雇用に応じてくれたのです。子育てにも理解のある職場で、来客用のソファに子供を寝転ばせながらほぼフルタイムでの勤務ができました。

とはいえ、2人分を足してもまだまだ十分な収入とはいえません。その頃の妻の願いは「どうか**一人前**の男になってください」でした。大食漢の私は常に2人前、3人前を平気で食べていたので、とにかく食費が大変だったのです。せめて食べるのは**1人前**にして欲しい、と。でも体が資本の仕事ですから量は欠かせない。ということで安くて栄養のある魚のアラとか内臓肉（モツ、レバーなど）、もやし、キャベツなどが食卓の中心メニューになりました。

こんなつましい生活でも、少しはあった蓄えが毎月、目減りしていくのはわかっていました。赤字額が膨らむばかりなので、シーズンオフにはアルバイト三昧《ざんまい》の日々となりました。審判は原則として、試合がなければ仕事はありません。ですから11、12、1月と丸々3カ月間は休みになります。選手のようにこの時期、半日ほどは次年度シーズンのための自主トレにあて、あとは釣りやパチンコで遊びほうけたい、友人らと飲みにも行きたいという気持ちは当然ありました。でも現実はそれが許される状況ではありません。とにかく親子3人で食うために、足りない生活費を必死で稼がねばならなかったのです。

国立大学を卒業しました、新聞社に勤務していました、今はプロ野球の審判です。学歴や肩書きは何の役にも立ちません。アルバイトで時給が高くて見栄えがよく、楽で格好のいい仕事などあるわけがないのです。今、目の前にあるお金が即日で欲しいならば、とにかく必死になって、泥臭く汗を流すしかないのです。

朝6時に起きてまずは東京・新木場の材木屋へ行きました。東京湾からの寒風吹きすさぶ製材工場の中で、輸入された原木の皮をはがし、何度も切断・加工し目地棒《めじぼう》（建築資材の一種）に仕上げます。それをビニール紐《ひも》で結束したら、担いでトラックに積み込む作業に明け暮れました。軍手は1週間と持たずにボロボロになりましたし、右手小指の下にはタコができ、指紋が見えなくなるほどに指先も荒れました。オガ屑《くず》にまみれ咳《せ》き込むことも度々でした。ここで朝8時から夕方5時まで働いても日当は8千円。往復600円の交通費を浮かせるために、片道10キロの道のりを自転車で通ったりしました。

その後、大急ぎで帰宅し、シャワーを浴びてから今度は近所の塾に出かけました。時間がないから駅前の立ち食い蕎麦《そば》で腹ごしらえをし、まるでトライアスロンをやっているようでした。ここの中学生の教室で国語と数学を受け持ち、夜6時半から9時半まで1日に3コマの授業をこなすのです。こちらは時給2500円。とはいえ、ミニテストの採点や翌日の授業の準備、実際は家に持ち帰っての残業がたっぷりとありますから、寝るのはいつも日付が変わる0時過ぎになりました。

千葉市に転居してからも、日通の引越しセンターで何百軒もの引っ越しをこなし、コンテナトラックで荷物の積み降ろしをしました。真冬なのにTシャツ1枚で大汗をかくような重労働でした。年末の繁忙期にはそのままぶっ続けで軽トラックに乗り換え、夜は宅配便の配達もしました。深夜の配送センターのターミナルが寒かったことは今でも忘れられません。

これだけ頑張り、へとへとになって帰宅してテレビをつければ、オフの企画番組で球界のスター選手が愛想笑いを浮かべていました。彼らはおちゃらけ番組で芸能人とゴルフをしたり、歌を唄ったりして1本何十万円というギャラをもらっているのです。何なんだよ、この格差は……。同じプロ野球という華やかな世界にいながら、なんて審判は惨めなんだろう、と思うことも頻繁にありました。

でも、この経験はお金には換えがたい貴重なものでした。何よりも甘ちゃんだった私に真のハングリー精神を植えつけてくれたからです。千円札1枚の厚みを、百円玉1枚の重みをとことん知りました。そして、必ずやお前らと同じ舞台に立ってやる、という怒りと悔しさがその後の心の支えになったのです。このアルバイト生活は10年間も続きましたが、それだけにようやくシーズンオフに休めるようになり、年俸を人様に言っても恥ずかしくないレベルに達した時の喜びは格別でした。

2000年のオフ、45歳の時に初めて妻と2人で海外旅行に出かけました。憧れだったハワイです。リゾートホテルに泊まり、テラスで朝からビールを楽しみました。ショッピングもして、午後からはワイキキの海にプカリプカリと浮かびます。ビーチに目をやれば、妻がはじけるような笑顔で手を振っていました。「やっと俺もここまで来れたんだ……」。飛行機でたった7時間、そこへ来るのに19年もかかりました。オガ屑にまみれ、中学生の質問にたじろぎ、箪笥《たんす》を担いで階段を駆け上がった思い出が次々とよみがえってきました。嬉《うれ》し涙がポロポロと溢《あふ》れ出し、ハワイの海に溶け込んでいきました。

未熟な判定技術

さて、実際のグラウンドでのジャッジ技術の話に戻ります。審判に成り立ての頃はまだお粗末そのものでした。基本的なアウト、セーフはもちろんのこと、ワンバウンドするようなボールを自信満々に「ストライク！」とコールし打者が天を仰いだこともあれば、ほぼど真ん中の投球を「ボール！」とやって投手をひざまずかせ、捕手を腰砕けにしたこともありました。それでも根拠のない自信だけはあり、周囲には妙に堂々と映っていたようです。「あいつは1年目の素人だから」というチーム側の配慮もあったのかもしれません。それに気付かず、意外に審判なんて簡単だ、などと当初ははなはだしい勘違いをしていました。

せみの鳴き声がうるさいほどの、夏も終わりに近づいた西武第2球場（埼玉県所沢市）でのある試合のことでした。球審を務めていたのですが、相変わらずのお粗末なジャッジの連続で、両軍から野次と怒声を浴び続けました。出来は最悪。試合どころか、自分自身さえもコントロールできなくて、もうコースも高低もわけがわからない状態となってしまいました。

すると突然、いつもは温厚な西武の岡田悦哉・二軍監督の「いいかげんにしろー！」という大きな怒鳴り声が聞こえたのです。顔を合わせるたびに「山ちゃん、山ちゃん」と親しげに呼ばれ、「頑張れよ」と声をかけてくれる岡田さんさえをも怒らせてしまった……。申し訳なく、恐る恐る西武ベンチの方を見ると、その怒鳴り声は実は自軍の選手に向けられていました。

「このくそ暑い中、審判だって一生懸命やってるんだ！　がたがた文句を言う前に、自分が上手くなることを考えろ！」と選手たちを一喝していたのです。日頃から選手同様、審判もここで鍛えられ、いつかは一軍の舞台に立てるようになるんだ、俺たちは野球界の仲間なんだと言ってくれていました。こんな風に応援してくれる監督もいるのだと思うと、何とか早く技術を磨いて期待に応えたいと気合も入りました。

ただ、思うように自分の技術は上達しません。「猶予期間」が過ぎると、私への風当たりはだんだんと強くなってきます。2年目、3年目と進むにつれベンチからの野次や怒声はますます大きくなり、監督も度々抗議に出てくるようになりました。自信が揺らぎ始めます。特に4年目は最悪でした。初めて「退場！」のコールをせざるを得ない状況に追い込まれました。自分自身のとんでもないミスジャッジが原因でした。

夏場に3人制審判で球審をしていた時のことです。インコース高めに来た投球に対して打者はよけながらも打ちに行き、明らかな空振りをしました。ヒットエンドランのサインが出ていたのです。私は瞬時に「スイング！」と判定し、右手を大きく上げました。この時、捕手から二塁への送球がセンター前に抜けたので、球審は三塁へのカバーに走り、そこへ突入してきた走者に対し間一髪のジャッジをしました。ここまではよかったのですが、球審の定位置に戻った時に、先ほどのハーフスイングのジャッジを忘れてしまったのです。

「あれ、カウントはいくつだったかな?」。あわててカバーに行ったため、インジケーター（カウントを確認する用具）も前の投球当時のままでした。打者はにやりとしながら「ボールですよね」と言ったので、「うん、そうだ」と半信半疑ながらも答えてしまったのです。で、両手でカウントを指示し強引に試合を再開しようとしたところ、相手側ベンチが「冗談を言うな」と騒ぎ出し、監督が飛び出してきました。

オロオロとして他の2人の審判を呼び寄せ、「俺って今、スイングって言いましたか?」と尋ねるお粗末さでした。もちろん、再度、ストライクに判定を変えざるを得ませんでした。スタンドからは失笑が漏れ、監督は呆れ返っていました。

自分の集中力のなさを悔やみ、それがまたボンヤリとした精神状態を作ったようです。その直後に放たれたポール際の打球への第一歩が出遅れ、見失ってあたふたとしたまま「ホームラン」と右手を回してしまったのです。ポールからは3メートルも離れた明らかなファウルでした。

立て続けのとんでもないジャッジに守備側の監督はぶち切れ、抗議以前に「テメェー、ふざけるなぁ！」と体当たりをしてきました。当然の怒りだったでしょう。即座に「退場！」と宣告はするものの、そう簡単に収まりはつきません。他のコーチたちからも「お前なんか辞めちまぇ！」と罵倒されても返す言葉がなく、打ちひしがれるだけです。選手からの視線も冷たいものでした。

二軍球場からの帰り道に、私は銀座にある連盟事務所に寄りました。トラブルの経緯を説明し報告書もすぐに提出しました。「要は君のジャッジが大間違いでこの退場劇が引き起こされたわけだな。ならば君も厳重注意だね」と事務局長から叱責処分を受けました。

その晩、初めて布団をかぶり妻に悟られぬよう声を押し殺して泣きました。

もう自分は駄目だろうか、と自信を失いかけていました。やはりプロ野球っていうのは天才だけが集まる特殊な世界なのだ。審判だって同じ、飛び切りのセンスを持った者にしか務まらないのだ、と。4年もやってこんなジャッジをやっているようでは評価が高いはずはありません。皆の反対を押し切って飛び込んだのに、格好悪いなぁ……。妻にも申し訳ない。3年もすれば一軍に昇格だなんて格好のいいことを言っていたのに、なんて言い訳したらよいのだろう。もう30歳にもなっているのに、次男も産まれたのに、また人生のリセットなのか、と。シーズンの後半は悶々《もんもん》とした苦悩の日々が続きました。

ところがそんな折、思わぬ朗報が飛び込んできました。公式戦全日程が終了した10月、その年の「イースタン（二軍）優秀審判員賞」をいただけたのです。もう今季限りでクビかと思っていただけに、まさかの受賞でした。

年末の契約更改では連盟事務局長と審判部長から、ここ数年の成長ぶりをほめられ、いよいよ来季からは一軍での塁審にも立たせるつもりだと言われました。自分では年々、下手《へ》くそになっているような気がしていただけに寝耳に水の評価でした。

でも、冷静に振り返ってみれば思い当たることはありました。要は自分の未熟さにようやく気付き始め、プロの一軍で通用する高いレベルが見えてきたからこそ、厳しい自己評価を下していたのです。

根拠のない自信は失《う》せ、自分の立ち位置が見え、自分のミスジャッジにも気付き、真摯《しんし》に反省するレベルに達したがゆえの葛藤でした。とにかく評価は他人がするもの、自分は目の前の1試合1試合を大切に裁いていけば明るい未来が見えてくるはずだ、と再び思えるようになりました。

恩師の死

悩み多い時期の私を最も強く支えてくれたのが、前述の指導員、沖克巳さんでした。誰にでも「人生の師」という人が必ずや1人や2人はいると思いますが、私にとってはまさに沖さんがそんな人物でした。香川県坂出市の出身で、元は阪急の捕手。かつては日本シリーズに何度も出場したことのある名審判です。

本当によく叱られました。目を覆いたくなるようなヘボジャッジを重ね、試合後に怒鳴り上げられることも度々でした。試合前にファウルラインを踏みつけてポジションに着こうとしたら、即座に大声で呼び戻されました。「もう試合が始まろうかというのに、審判の生命線ともいえるラインを踏むとは何事だ！」とフェンス越しに懇々と説教を受けたこともあります。ミスジャッジの言い訳で「うっかりしてました」と言った時には、「いつまでもうっかりしてるんだったらさっさと辞めちまえ！」と拳骨《げんこつ》も食らいました。

私の1年後に入った山本隆造君（現・審判技術委員）、その3年後に入った中村稔君（現・クルーチーフ）は2人とも元プロ野球選手で、審判センスも素晴らしいものを持っていました。もちろんすぐに頭角を現し、じきに一軍のレギュラーメンバーに昇格。指導員の助けがなくともぐんぐんと自分で伸びてゆくタイプで、日本シリーズにも何年も続けて出場する、リーグを代表するような名審判となりました。

それに比較して出来の悪い子供ほど可愛いというのでしょうか。私は特別に目をかけてもらえたような気がします。沖さんに叱られ、意気消沈して帰った日には夜遅く、必ずフォローの電話がかかってきました。「今は下手でも、お前は必ず一軍の舞台に立てる日が来る」と励ましてくれ、何度も電話口で涙をぬぐったことがありました。

試合後にはよく飲みに連れて行ってもらいましたが、帰り際にはいつもふ

山崎が新人時代に、厳しくかつ愛情あふれる指導を受けた元審判・沖克已氏。写真は千葉市内の自宅に置かれ、今も山崎を見守っている

と、駅前でいなくなるのです。うろうろ探しているとケーキやメロン、時には大きなスイカなどを調達していたようで、「奥さんや息子さんたちに食べさせてあげなさい」とお土産を持たせてくれる、優しい気配りをしてくれる人でした。

センスの良い審判は4、5年で堂々と二軍から一軍に昇格してゆくのに、私は丸々8年もかかりました。これだけ時間がかかった審判は他にはいなかったでしょう。それでも見捨てることなく熱心に指導していただき、ようやく山崎ももう大丈夫だろうと一軍にデビューしたのを見届け、1989年に指導員を引退したのです。

この後、沖さんは1992年の年末、私がアメリカの審判学校へ派遣留学する出発直前に脳梗塞《こうそく》で倒れました。半身が麻痺し、ベッドに寝たきりとなり言葉も失ってしまったのです。遠く離れたフロリダから何通もエアメールでお見舞いと励ましの手紙を書きました。奥さんがそれを枕元で読んでやると、「うーうー」とうめきながら、その手紙を片手で奪い取り胸の前で握り締めていたそうです。

帰国後すぐに病院に駆けつけた時には、私が一方的に話しかけるだけの再会でしたが、最後の笑顔を見せてくれました。約半年間の闘病後の1993年6月15日、力尽きました。享年74。まさに2人目の父親を失ったような悲しみを味わいました。

告別式の日、棺《ひつぎ》の傍らにはパンヤ（マスクのクッション）がぼろぼろになった愛用のマスクが置いてありました。特に口の部分が食いちぎられたようになっていたので、どうしてなのかと奥さんに尋ねてみました。すると「あの人は実はものすごい癇癪《かんしゃく》持ちで、試合中に悔しかったり、苦しかった時にはパンヤを噛《か》み締めて耐え忍んでいたんですよ」と教えてくれました。

苦しい思いをして仕事に打ち込み、そこから得た技術や気持ちの持ち方を教えてもらえたのです。「ありがとうございました……」と何度も何度も心の中でつぶやき、見送りました。

沖さんには私と同い年の一人娘がいました。しかし20歳になったばかりの夏に、東京都内の交差点で交通事故に遭い、逝ってしまったのです。

沖さんが現役を引退したのは、この事故が契機でした。球場で年格好のよく似た若い娘さんを見るのが辛く悲しく、娘が嫁入りするまでは、という心の張りも失い、ユニフォームを脱いだそうです。とても美人で聡明な女子大生だったそうで、何度か財布の中に入れていた写真も見せてもらいました。

その娘さんと同年齢ということもあってか、私は特別に可愛がってもらえたのかもしれません。そして「娘はお前のような奴に嫁がせたかったたなぁ」とも言ってもらえました。

実は06年、私の長男が初めて彼女を我が家に連れて来た時に驚きました。名前が沖さんの愛娘と同じで、面影もそっくりだったからです。もちろん単なる偶然でしょうが、どうしても運命的なものを感じてしまいました。そしてこの娘《こ》ならきっと大丈夫だろうとその瞬間に思えたのです。2人はその後結婚し、今は可愛い孫娘の顔を見せに時折、我が家へ遊びに来てくれます。

毎年、命日には納骨堂へお参りに行って遺影に近況を語りかけています。私がとにもかくにも審判を定年まで務め上げ、今は沖さんと同様、若い審判の育成に励んでいる姿を見て、きっと喜んでくださっていることでしょう。

一軍戦デビュー

さて、審判の仕事の話の続きです。当時は審判6人制でしたので、駆け出しの頃はまず外野の線審から始まります。3年目の夏、西武球場でのライトの線審が一軍戦初出場となりました。初回、薄暮の中でいきなりライトのポール際に飛んできた打球を見失い冷や汗をかきましたが、ほんの数秒後に5メートルほど背後に落ちたのが見えたので「ファウル」と判定し、事なきを得ました。

その後、年を経るごとに三塁、二塁、一塁と塁審の機会を順次与えられ、それも無難にこなし、何とか7年目の最終試合で球審を務めることができました。まだクライマックス・シリーズもない頃でしたから、優勝争いに絡んでいないチームは淡々と消化試合をこなすのです。1988年10月20日のロッテ対南海戦が、一軍での球審デビューとなりました。

実はこの前日は、今も語りつがれる伝説の「10・19」の日でした。近鉄が最終試合で引き分けて優勝を逃した、ダブルヘッダーの日だったのです。文字通りの死闘で、いつもは閑散としている川崎球場が超満員に膨れ上がり、私もその第1試合でレフトの線審として立ち会っていたのです。「これがプロ野球なのだ」。外野の一角で身が震えました。先輩たちも鬼の形相で裁いていました。

翌日の川崎球場はまさに兵《つわもの》どもが夢の跡、といった感じでいつも通りの何でもありの外野スタンドでした。アベックはいちゃつき放題ですし、流しソーメンまでできるのです。

とはいえ、自分にとっては球審を務めた初の晴れ舞台。ダイエーへの身売りが決まっていた南海ホークスの最後の試合ともなりました。

その試合は震える声で「プレーボール！」と始めましたが、緊張が解けぬうちにいきなりホームでのクロスプレーがありました。タイミングはアウトだったので自信満々に右手を上げたのですが、その瞬間に捕手のミットからポロリとボールが落ちるのが見え、慌ててセーフと訂正。監督からの抗議も受け、ほろ苦いデビュー試合になりました。ただ、何とか一軍での球審を果たし、プロ入り当初の最低限の目標を達成した喜びをしみじみと味わったのです。

もちろんこれで一軍のレギュラーメンバーになれたわけではありませんが、その入り口にたどり着くことができました。

この年のオフ、父ががん（悪性リンパ腫）に侵され、余命はせいぜい3カ月、どんなに持っても半年と告げられました。生活苦は相変わらずで、アルバイトを休むわけにはいきません。合間を縫って何度か新潟の実家へお見舞いに行きました。１００キロ近かった体が日に日にやせ細り、すでに70キロも割っていました。

審判になることには猛反対していましたが、この頃には諦め、とにかく一人前になれるよう頑張ってみろ、と励ましてくれました。貧乏なのは十分に知っていたようです。反対した手前、経済的援助は一銭たりともしてくれませんでしたが「孫にはひもじい思いをさせるな」と新潟のお米や味噌、時には幼児が飲むわけもないのにお酒まで送ってくれました。審判になって良かったな、と祝福されるためには何としても一軍で成果を見せなければならなかったのですが、まだ私のユニフォーム姿は一度も見せていませんでした。

しかし翌春の3月20日、父は76歳の生涯を閉じました。翌日はオープン戦で球審を務めることになっており、この年の一軍メンバーへの最終試験の場です。ここで休むわけにはいきません。涙をこらえつつマスクをかぶり、棺の中にはこの試合の最後のボールを入れてもらいました。

この年は準レギュラーとして、開幕から一軍球審を任されるようになりました。6月には母が父の遺影を持ち、初めて東京ドームへ観戦に来てくれました。もっと早く上達すればもう3、4年早く一軍の舞台に立ち、父にも見せてあげることができたのに…。自分のふがいなさを責めましたが、何とかここまで来ることができた喜びを感じていました。

でも、喜びは長く続かず、すぐに倍以上の苦しみとなって返ってきました。何よりも他の審判よりも技量が不足していますから、綱渡りのような毎日です。結果オーライというジャッジばかりでした。周囲の助けもあり、何とか一軍での仕事を続けることはできましたが、不安は年々増すばかりでした。

理由は技量もさることながら、メンタル面での弱さでした。恥ずかしながら私はとんでもなく臆病で小心者なのです。堂々として見えるのは空威張り、そのチキンハートを見破られぬがための虚勢そのものでした。強気に振る舞っても、その裏ではいつもおどおどと周囲の目ばかりを気にするタイプです。

プロ野球の世界で何年もやっていれば、試合の流れは見えてきます。ここ一番の勝負どころや、絶対に間違ってはいけない局面がわかります。するとプレッシャーに呪縛され、ガチガチになってしまいました。

2死満塁でフルカウントの場面なら、膝が震えて声もかすれます。2死三塁で打者がボテテのショートゴロを打ち、一塁でのクロスプレーでのジャッジが点数に絡むとなれば、「勘弁してくれよー」と気持ちが上ずります。こんな精神状態で判定すればことごとく裏目に出るものです。どうして大切な局面で平常心を保てないのだろう、と悩みは深まりました。普通にテレビで寝転がって見ていれば、絶対に間違えないようなプレーを裁けないのです。

当然、周囲からの評価も下がり、なかなか一軍のレギュラーには定着できません。二軍での力を存分に発揮できない一軍半の控え選手と同様でした。

メンタルトレーニングの本を読んだり、集中力を高めるために座禅を組んだり、試合前にはトイレにこもって瞑想《めいそう》もしましたが、劇的変化は見られませんでした。そんな苦悩を抱えたまま数年が経った頃、もう開き直るしかないと半ば諦めの境地に至ったのです。

自分はプレッシャーに弱い、それは自分の本質であり一生変わらないだろう。ならばプレッシャーと友達になるしかない。そもそも、なぜプレッシャーを感じるかといえば、自分の実力以上のものを見せたいから。そうしなければ勝負にならないからです。

私が野球界で凡人であることはもう十分にわかっていました。凡人はここ一番で80%の力しか出せません。ならばその80%で勝負できる実力が必要でした。要はまだまだ基本的な技術がなく、その不安がプレッシャーの元でした。人よりも2割増の地力を身につけるには…。やはり練習しかないのです。この単純な真実に気付いた時、ようやく出口が見え始めました。

まずキャンプでのブルペン練習では誰よりも早く入り、最後の投手が投げ終えるまで見続ける。シーズンイン後も、毎日、誰よりも早く球場へ行きブルペンに顔を出し、その後は打撃ゲージ内で目慣らしをする。この二つを誓いました。

プロの世界では練習は「量」よりも「質」が大切だ、とよく言われます。でもそれはトップレベルにいるごく一部の選手にのみ通用する言葉でしょう。並の人間はやはり何と言っても「量」をこなさなければなりません。「量」をこなしてこそ高い「質」が生まれるのです。そして愚直に、ひたむきにホームベースとボールを見続ける日々が何年か続きました。

432ミリの感覚つかんだ

そんなある日、試合前の審判室で後輩とスポーツ紙を読んでいる時のことです。この新聞の横幅とホームベースはどちらが広いだろうか、という話になりました。意見は分かれました。私は新聞紙を手にした時にはわからなかったのですが、いざ足元において球審の構えをした時に「あれ、これはホームベースよりも2センチくらい狭いな」と直感しました。ブルペンから借りてきたホームベースを当てて測ってみると、まさにその通り。新聞紙の横幅は４１０ミリ、ホームベースは４３２ミリでした。

　他にも座布団やデパートの紙袋、洗面所にあった鏡などで試してみたのですが、どれも球審の構えをしてグッと見つめると、４３２ミリよりも広いか狭いかがひと目で認識できるようになっていたのです。これは決して特殊な能力ではないでしょう。熟練の職工が指先で金属板の薄さやネジ山の高さを認識できるのと同様、「量」をこなした者に与えられる神様からのプレゼントなのです。

　自信を持つきっかけとなった試合を鮮明に思い出します。１９９７年にオープンしたナゴヤドームでの開場記念トーナメント大会でした。春先のオープン戦でしたが、その準決勝の阪神対ヤクルト戦で球審を務めました。キャンプの時からブルペンにへばりつき、１カ月半で1万球以上は見てきたでしょうか。セ・リーグ同士のチームの対戦ということもあっ

ホームベースの大きさ

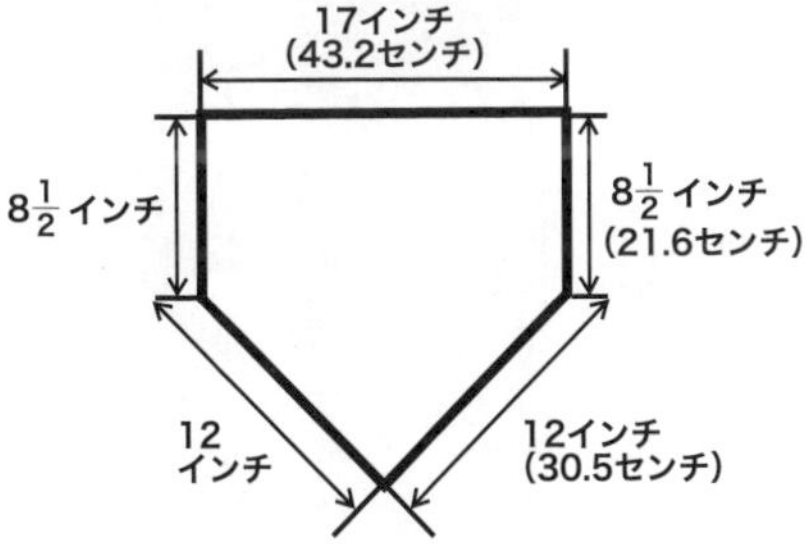

てか、気分的にはやや楽でした。

当日はプレーボール直後の第1球から、球筋を実にきれいな一本の線として捉えることができたのです。これはストレートのみならず変化球でも同様でした。ミットに吸い込まれるまでタイミングが一定で、投球と視線が衝突することもなく、すっと受け入れることができました。今までは見よう、見ようという意識がベースの角あたりに集中し投球を点で捉えがちでしたが、ようやく一本線で描き判定することができるようになったのです。この感覚は言葉では説明しがたいものですが、明らかにボールを見る力自体が向上したと実感できました。

その能力を身に付け、初めて自分の技術に多少の自信を持てるようになりました。そしてこの先もプロの審判としてやっていけるだろう、とも思えるようになりました。いつしかプレッシャーもそれほど強くは感じなくなっていました。

もちろんこれで1球たりとも間違えなくなった、などということはありません。その後

ホームプレートをきれいに掃く

も1試合のうち必ず何球かは「しまった！」と思う判定もありました。でも、それは自分自身が投球を引き付けるタイミングに問題があったとか、捕手のキャッチングの巧拙に惑わされた等々、その原因をはっきりと分析することができました。訳もわからずに間違えたものではない、そうなれば自然と判定の安定感は増します。ようやく真の自信を得て、グラウンドに立てるようになり、プロの審判になれたような気がしました。この時、審判の仕事に就いてからすでに15年も経っていました。

センスのある者ならば4、5年でできるようになるのに、私は15年もかかったのです。情けないし、恥ずかしい。でも嬉しかった。苦労して、努力して、とんでもなく長い時間をかけたけれど、ボールが一本の線に見えるようになり、432ミリの世界に出会い、きっちりと認識できる能力を手に入れることができたのです。そう簡単には手離したくない、この仕事を決して諦めることなく最後まで全うしたい、この日からますます強く願うようになりました。

再び二軍落ち

やっとプロの審判技術のコツをつかめたような気がしました。もう大丈夫だろう。ようやく確たる自信も芽生え始め、出場試合数も順調に伸びてきましたが、好事魔多しでしょうか。思わぬ落とし穴が待っていました。

審判としての経歴が10年目から20年目、年齢的にも35歳から45歳くらいの頃が最も脂の乗り切った良い時代と言われます。「見る力」と「経験」がほどよくミックスされ、優秀な審判はこの頃からオールスターゲームに選出され、日本シリーズにも出場し着々と評価を高めてゆくのです。ほぼ一軍レギュラーメンバーとして年俸も格段に上がり始め、自分もひょっとしたらそのモードに突入したか、と自惚《うぬぼ》れていたのかもしれません。ここで大きくつまずいてしまいました。

きっかけはオープン戦での、全く言い訳のできないような初歩的なミスジャッジでした。

単なる三塁への偽投（牽制《けんせい》球を投げる真似）を、「セットポジションで完全静止をしていない投球動作」と見間違え、「ボーク」と宣告してしまったのです。いかにオープン戦とはいえ、周囲は呆れ、苦笑いをしていました。その場ですぐに勘違いだったと訂正すればよいものを、それを強引に押し通し、得点も与えてしまいました。たまたまオープン戦ですからそれでも済みましたが、公式戦ならば大トラブルになっていたでしょう。

さらに公式戦が開幕してからも明らかなセーフをアウトとやったり、その逆にランナーがすでに諦めているようなアウトをセーフとやったりと、塁審での大きなミスが続きました。それまでも、それほど評価は高くなかった審判の私です。こうなると待っているのが二軍落ちでした。

選手同様、審判も大きな目標として1千試合出場があります。これは一軍レギュラーメンバーとして少なくとも10年以上は一線で働き続けなければ到達できない数字です。プロ野球人にとってはひとつの勲章であり、もちろん連盟からもその栄誉を称《たた》えられ表彰されます。周囲からは文字通りの「一人前」「一流」と評価されるラインなのです。自分にとっては、プロの審判になった時、まずはどうしても成し遂げたい大きな目標でした。

通常、審判員割り当て表は2枚送られてきます。1枚は一軍公式戦のもの、もう1枚は二軍戦のものです。それぞれ同時期の3週間分ほどが発表され、いつも赤いボールペンで自分の名前のところを丸印で囲みます。リビングの一番目に付くところに貼り、毎日のように目を通し、この割り当て表を見ながら日々の体調を整えるのです。それはスケジュール表であると同時に、現時点での審判部内の査定表でもありました。自分の置かれている立場を明確に語ってくれるのです。

5月の連休明けに届いた2枚のうち、それまでの自分に必要だったのは一軍の1枚だけでした。しかし、一軍戦の割り当てからはものの見事に名前が完全抹消され、二軍戦の上から下まですべての試合に「山崎」と書き込まれていました。この時、一軍での通算出場数は998まで伸びていました。あと2試合で1000試合なのに、その2試合がはるか遠くに見えなくなってしまいました…。

プロ野球界の原則は、「同じ力量ならば若手を使う」です。将来的な伸びしろが十分にありますし、逆にベテランはこれから落ちるばかりです。だから並ばれたら終わり。かつて自分がベテランの先輩を食って昇格できたように、40半ば前にしてもう食われる立場に追い込まれてしまいました。当時の年俸は当然一軍レギュラーメンバーにふさわしい額ですから、それに見合う働きができないと判断されれば、オフにはクビを宣告されても仕方がありません。もはや並ばれたのではなく、抜かれたのだ、とその割り当て表は語っていました。弱者はまだ救われるが、決定的な敗者は去るしかない世界なのです。

二軍への降格に伴い、自分の息子と同じような年頃の若い選手とまたイースタンで泥にまみれることになりました。この年（1999年）に入団した松坂大輔は長男と同い年でした。つい1カ月半前、東京ドームでの彼の155キロのデビュー戦には二塁塁審として立ち会っていたのに、あっという間の転落でした。

かつてはオールスターにも出たし、前年の開幕戦では球審も務めていたのに、というつまらないプライドが余計に自分を苦しめました。二軍戦への球場通いが始まりましたが、炎天下での辛い日々でも夜になればナイターを見て、プロ野球ニュースで全試合の経過をまた見て、翌朝は衛星放送でメジャーリーグを見て、という生活でした。野球が嫌いになったわけではないけれど、どこかで逃げ出したい気持ちも芽生えていました。

その後、唐突に2試合の出場機会を与えられ、この年の7月18日、東京ドームでの日本ハム対近鉄戦で一塁塁審として1000試合目の出場を達成しました。もちろん選手のように場内アナウンスされることもなく、誰からも拍手されることもありません。たった2試合を記録するために2カ月半も二軍の球場でもがき苦しんだのです。試合後も満足感、達成感などはなく、ただ記録上に「1000」という数字が残っただけでした。

その日の帰り道、偶然カーラジオからビートルズの「The Long and Winding Road」が流れてきました。ポール・マッカートニーが歌い上げていたのは、こんな内容です。

「長く曲がりくねった道だが、決して消えることがない道を行けば、必ず君の元に辿《たど》りつく」。私にとってこの「君」は「野球」そのものでした。

路肩に車を止め、ハンドルに突っ伏し頭を振りました。もうこれまでかと、心は折れる寸前でした。まさに野球へのでこぼこ道だ。沖さんの顔が浮かんできました。

「沖さん、すみません、俺もうダメかもし

千試合出場記念の盾、引退試合の最後のボールとチケット、オールスター出場記念の金メダル

れません……」

この仕事の辛いところは、評価が他人にもわかることです。二軍にいればスポーツ紙を見てもスコアシートの審判欄に「山崎」の名前は全く見当たらなくなりますし、嫌だったテレビの「珍プレー・好プレー」にも出ることはありません。当初は友人らから病気か怪我《けが》でもして仕事を休んでいるのか、と心配の電話もかかってきました。「いや、二軍落ちしているんだ」と正直に答えるしかありませんでした。サラリーマンならば上司に叱られようが、大きなミスをしようが社内のうわさ程度で済みますが、審判の場合は自分の置かれている立場が世間に公表されているようなものです。当初は「山ちゃん、久しぶりだね」と声をかけてくれた二軍の首脳陣も、毎日ともなれば見る目も違ってきます。

オールスター休みに帰省したところ、現状を見かねた兄から、そろそろ野球にも見切りをつけたらどうかと言われました。「お前の運動能力や野球センスからしたら、もう十分じゃないか。人生、先は長い。野球だけがすべてではないし、野球で学んだものを次に生かす仕事に就くのも悪くないはずだ」

審判も選手同様、連盟から君が必要だとのオファーがなければ現役は続けられませんが、辞める自由はいつでもあります。「任意引退」ということで辞表を出せば、翌日からユニフォームを脱ぐことができるのです。こうして辞めていった先輩も数多くいました。明日、辞表を出せばすべてが終わります。この苦しみからすぐに解放されるのです。ただ、苦労をかけながらも応援し続けてくれた家族がいる。今までの心の支えになっていた彼らの笑顔がよぎり、新しい道へ踏み出す決心はつきませんでした。

悩みを抱えながら千葉の自宅へ戻る前日の夕方、誰もいない母校・新潟県立高田高校のグラウンドへ行きました。午後からの練習を終えたグラウンドはきれいに整備されていました。ベンチにたたずみじっとホーム近辺に目をやると、そこの夕闇には下手くそだけれど、一心不乱にボールを追いかけている高校生の頃の自分の姿が見えました。無邪気で天真爛漫《てんしんらんまん》な野球小僧そのものでした。その瞬間、やはり俺は野球が好きなのだ、審判は辞めたくない、という思いが涙とともにふつふつと湧き上がってきたのです。

「プロの世界、実力が足らずにクビになるのは恥ずかしいことではない、恥ずかしいのは自分の力なんてこんなものだと諦めてしまうこと、努力をやめてしまうことだ。もう一度、甲子園を目指していた頃のあの気持ちを思い出すんだ」

とかく「引退」などというきれいな言葉を使いますが、実はどんな選手だってクビになるのです。イチローだって2011年にはついに年間200安打が途切れ、3割を打てなかった。ダルビッシュだっていつかは140キロさえも投げられなくなる。そして能力が年俸に見合わなくなり、球団からクビになるのです。「引退」という言葉はただのオブラートにすぎません。俺はまだクビが確定したわけじゃない。とにかくクビを通告されるまで、ボロボロになるまで、頑張ってみよう。最後まで戦い抜き、それでもダメで地団太踏《じだんだ》みながら咆哮《ほうこう》する男の姿は決して格好悪いものではないはず。俺はその道を選ぶ、そう決意したのです。

千葉へ戻った翌日、買ってきたバリカンで頭を高校時代以来の五厘に刈り上げました。そして、その夏は誰よりも早く二軍の球場へ行き練習に取り組みました。まずは球場の周辺を汗まみれになって走り、ブルペンで大声を張り上げました。本音を言えば、40半ばにもなったおっさんが自分の息子のような若い選手の前で何をシャカリキになっている、という格好悪さもありました。でも、なりふりかまっていられません。とにかく、今やらずしていつやるのだ、悔いは残すな、という思いでいっぱいでした。もはや誰も助けてはくれない、自分で這《は》い上がるしかないのだ。黙々と汗をかき続けました。

この夏で飛躍的に技術が伸びた、よみがえったという実感はありません。でも、確かに心の持ちようは変わったと思います。今もくじけそうになると、あの時の気持ちを忘れないように、この坊主頭をさすっているのです。

クビの覚悟はありましたが、幸いにも10月末には契約更新通知が届きました。もう1年この仕事を続けられるとはいえ、ここからがまさに正念場でした。審判の世界では明確な数字がないため、評価も劇的に変わることがないからです。「へぼ審判」の烙印《らくいん》はそう簡単には外せません。でも次の年も二軍暮らしが続きクビになったら、自分はそれまでの審判だったのだと思えばよい、とようやく肝《きも》が据わりました。

年が明け多摩川での合同トレーニング、キャンプが始まりました。気合は入っていましたが、どこか醒《さ》めている部分もありました。とにかくやるだけやってダメなら仕方がないさ、

審判のマスク。材質は鉄製（右）が多かったが 最近はチタン製も増えてきた

と開き直ることができたからです。ただ、ブルペンや紅白戦でのひたむきさや必死さは周囲にも伝わったのではないかと思います。オープン戦の割り当て表には、数は少ないながらも「山崎」の文字が書かれており、球審も2試合だけですが、担当しました。

開幕早々はほんのポツリポツリでしたが、一軍戦での出場も割り振られました。球審も任され、まずは無難なスタートが切れました。こうして地道にトラブルと再び出会わぬよう慎重に裁いてゆけば、一軍復帰の目はあるかもしれない。希望を抱きながら二軍の球場に通いました。

悪夢の大トラブル

前年の5月の連休明けには二軍落ちしていましたが、1年後にはようやく一軍での出場が大幅に増え始め、また活躍の舞台が与えられました。あの夏場の地道な練習や、キャンプでの必死さをきっとどこかで誰かが評価してくれていたのだ、と感じました。再び与えられたこのチャンス、今度こそ逃すまいと充実した気持ちで一軍球場へ通いました。が、2カ月もしないうちにまたもやってしまったのです……。それも、とんでもなく大きなトラブルでした。

2000年6月20日、東京ドームでの日本ハム対ロッテ戦でのこと。まだ6月とはいえ、この時点で日本ハムは西武、ダイエーと3強、0・5ゲーム差内での首位攻防を繰り広げていました。この試合は五回を終わって日本ハムが9対0でリードする大楽勝パターンだったのですが、いよいよ首位浮上が見えてきた矢先に追い上げられ、10対4となりました。そして七回表1死一、二塁からロッテ・大塚明選手（現・一軍外野守備走塁コーチ）の放った打球は弾丸ライナーではなく、大きな弧を描いてレフトのポール際に飛びました。

三塁塁審を務めていた私の頭上を越した瞬間から「これはきわどくなる」と直感し、じっと目を凝らして打球を追いました。60メートルほど先のポールの内側か、外側か…。その内側に張られている幅50センチほどの金網部分を通過する瞬間、打球が微妙に外側へ変化するように見えました。で、観客席のファウルゾーンに落ち、そこで大きくはずんでレフトのライン近辺に落ちてきたのです。私の下した最終判断は「ポールにかすめて当たったホームラン」でした。もちろん自信を持って右手を大きく回しましたが、その直後にレフトを守っていた外野手が「違う、違う」と手を振り、叫びながらこちらをめがけて走って来るのが見えました。

私の方は、打った大塚選手が三塁ベースを踏んだかどうかの「触塁」を見ようと振り返ると、すでに大島康徳・日本ハム監督が一塁側ベンチから飛び出しています。ここから猛烈な抗議が始まりました。3ランとなれば得点は10対7、試合の流れは大きくロッテに傾いて行きます。そう簡単には引き下がれなかったのでしょう。

ビデオ判定が導入された今（10年のシーズンからポール際、フェンス際の微妙な打球の判定のみに採用）でなら、ほんの3分か4分で済んだことです。控え室に戻りビデオを再生し、誤審だったと判明すれば「はい、ではファウルに変更しましょう」、それで一件落着です。ただ、当時は審判の判定は最終のものであり、そう簡単には覆されませんでした。特例として明らかな落球などがあり、当該審判だけが野手や走者に隠れて見えていなかったとか、夕闇迫る頃の薄暮状態で打球を見失ってしまったケースなどで、他の審判と協議して変更することがありましたが、それも年に数件程度にとどまっていました。

少なくとも、今回の打球に対して私は球道を見失ったわけではなく、しっかりと見て判定したのです。また他の審判が明らかにファウルだ、と判定を変更できる明確な根拠もありませんでした。ならば抗議は突っぱねるしかありません。スタンドの騒然とした様子から、いささかの不安はありました。ひょっとしたら自分が間違えたかもしれない、でも戸惑う様子を見せたら付け込まれるだけです。断じて判定は変えない、と腹をくりました。

「ファウルだ」「ホームランだ」、「判定を変えろ」「変えない」。執拗な押し問答が延々と続きます。今でなら5分以上の抗議は自動的に退場ですが、当時はこの内規も存在していませんでした。結局、暴言や暴行がなくても、これ以上の抗議を受け付けることはできぬと判断し、大島監督に遅延行為による退場を言い渡しました。この時、すでに23分が経っていました。

その瞬間から観客席はさらにヒートアップし、自分の場内放送も日本ハムファンの罵声にかき消されるほどでした。「ヤマザキー、ふざけるなぁー!」「お前こそ退場だぁー!」と。

試合は結局、乱打戦の末、12対7で日本ハムが逃げ切りました。我々審判団が控え室に戻った頃、一塁側監督室は大騒ぎになっていました。記者会見の途中で大島監督が「気分が悪い」と言って頭痛を訴え、嘔吐《おうと》したのです。そのまま救急車で病院へ運ばれ緊急入院となりました。医師の診断は神経性の急性胃腸炎。もちろんこのトラブルでの長時間の抗議によるストレスが原因だったのは明らかです。

審判控え室に戻り反省会を開いたものの、肝心の打球のビデオがないものですから半信半疑のもやもやとした気分が続きます。妻には球場から電話をし、全部のスポーツニュースを録画しておくようにと言っておきました。帰宅後は食事も取らぬまますぐにビデオデッキを操作し、テレビ画面を食い入るように見つめました。

その映像を見て愕然としました。ボールをかすめたと見た打球ですが、明らかに両者には50センチほどの隙間《すきま》があり、完全なファウルだったのです。どの放送局の映像もそうでした。私のミスジャッジはカメラの目が証明していました。

さすがにその晩は一睡もできませんでした。目をつぶってもボールをかすめる打球が浮かび上がり、23分間もの抗議を受けた屈辱や興奮がよみがえってきます。胃がきりきりと痛み、大島監督同様、私もストレス性の急性胃腸炎になっていたことでしょう。心身ともに最悪の朝を迎えました。

さらに運が悪いことに、この日はナイターで同じカードの球審を務めることが決まっていました。後に聞いたところによると、連盟には朝から「あんな審判は辞めさせろ！」とファンからの抗議の電話が殺到していたそうです。事務局長は審判部長を通じ、今日は休養をさせたらどうかと打診してきました。「もしも今夜の試合で何かがあったら、もう山崎君をかばいきれないよ」と。かばいきれない、とはつまりはクビということです。監督を病院送りにまでさせてしまったのです。追い討ちをかけるようなトラブルを連続で起こしたら、それもやむなしだったのかもしれません。

　ただありがたいことに、審判部長はきっぱりと断ってくれたそうです。ここで山崎を休ませたらもう終わりだ、ここを乗り切れなければ明日以降がないことをあいつは十分にわかっている、と。

　私の気持ちも同じでした。もしもここで休養をせよ、と言われたら辞表を叩きつける覚悟でした。自分の判定に対する最後のプライドだけは守りたかったのです。敵前逃亡をするならば、辞表の方がまだましでした。

　ひょっとしたら今日が最後の試合になるかもしれない、そこで負けるかもしれない。でも、逃げることだけは嫌だ。正々堂々と戦った結果、勝つこともあれば負けることもある、それが野球だ。気持ちを奮い立たせ、胸を張って東京ドームへ出かけました。

　さすがに試合前は緊張で、軽食さえ喉《のど》を通りません。それでも開始時間は刻一刻と迫ります。メンバー表交換時には大島監督も病院から戻り、げっそりとやつれた姿を見せていました。そしていよいよ試合開始5分前にはフィールドゲートが開かれ、「君が代斉唱」時に審判団も4人並んで立ちました。しかし、その時から日本ハム応援席は騒然とし始めました。

「帰れ、帰れ、ヤマザキー」と連呼され、まだ試合も始まっていないのに野次と怒声の嵐が沸き起こりました。ベンチの様子をうかがえば、やはり皆、殺気だっているようです。昨日の今日のこと、もしまた何かやったら承知せんからな、という雰囲気に満ちていました。まさに針のむしろの上でした。でも、負けてたまるか！　こんなことは今までにも、そしてこれからも何度でもあるのだ。これが嫌なら辞めればいい、でも負けの人生は嫌だ、逃げてたまるか！「プレーボール」をかけ、必死にボールに立ち向かって行きました。もはや何も聞こえぬほどに集中力が高まりました。

その試合、実はどちらが勝ったのかさえ覚えていないのですが、とにもかくにも3時間ほどで無事に終わりました。取り立てて問題になるようなジャッジもなく、切り抜けることができました。「あーあ、良かった」と一息つき、いつものように球場で風呂に入り帰路に着きました。

家に帰ると珍しいことに家族全員が居間のテレビの前にいました。大学生だった長男と高校生だった次男は普段はまるで野球には無関心で、ナイターを見ることなど滅多《めった》にありません。が、この日だけは前日のトラブルの経緯も知っており、早くから帰宅し応援してくれていたのです。幸いNHKの衛星放送で試合開始から終了まで完全中継されていました。「オヤジ、頑張れー」とじっと目を凝らして画面を食い入るように見つめていたそうです。

妻はその間、若くして亡くなった両親、私の父、そして指導員だった沖さんの遺影に手を合わせて祈り続けていました。「もしも野球の神様がいるのなら、とにかく今夜のこの試合だけはお父さんを守ってください」と。

家族3人の顔を見て、妻から「お疲れ様でした」と言われた瞬間、膝から力が抜け、へなへなとその場に崩れ落ちてしまいました。まさにここ2日間、ギリギリにまで張り詰めていた緊張の糸が切れたのです。こらえていたものが一気にあふれ出し、気がつけば大声を出して泣いていました。妻も泣いていました。仲間の前では平然と振る舞い、強がって見せても、心の内では震えていたのです。まさに断崖《だんがい》絶壁に追い詰められていました。そのピンチを切り抜けることができた…。

妻や子供の前で泣くオヤジはみっともないかもしれない。でも全身全霊を傾け必死に仕事に打ち込み、やり遂げ、その結果、家族の前で大声を出して泣けるのは幸せなことでした。こんなにも素晴らしい仕事に出会えることができたのだ、嗚咽《おえつ》しながら審判業の辛さ、そして感謝と喜びを感じた一夜となりました。

組合活動に尽力

この頃、球場でのジャッジ以外にも打ち込んでいる仕事を持っていました。審判の組合活動です。個人事業主なのになんで組合が？と思われるかもしれませんが、プロ野球の選手と同様、我々も待遇改善や地位向上などは個人で交渉しても弱いものです。契約更改の場では個人的な年俸や評価の話はできても、いざ全体の問題となると捉えどころのない漠然としたものになってしまいます。例えば、旅費規程や評価システム、出場手当ての増額、審判の権威とは何か、といった問題は個人で交渉してもらちがあきません。ということで、1990年に組合が結成され、そういった問題はすべて日本野球機構（NPB）との団体交渉の場で話し合われるようになりました。

正式には連合傘下のサービス・流通連合の連帯労組・プロ野球審判支部という名称です。現役の全審判員が加入しています。

私は結成当時から執行委員を務め、２０００年からは事務局長に就きました。就任後まず取り組んだのは、１９９０年代から盛んに各テレビ局で放映されるようになっていた「珍プレー・好プレー」を扱う番組にどう対応するか、ということでした。

もちろんプロ野球の素晴らしさを伝える好プレーは問題ありません。我々から見てもほれぼれとするようなスーパーキャッチや、華麗なる併殺プレー、瞬時の隙を突く好走塁などは、プロ野球の魅力そのものです。視聴者にも大いに感銘を与えるでしょう。

一生懸命にプレーしていても、時には信じられないような草野球まがいのエラーをすることもあります。まさに名人の手から水がこぼれる瞬間です。その時に見せる唖然・呆然たる表情や悔しさも、そのプレーヤーの真実を伝える顔です。

また、10年に一度というような珍しいプレー、例えば走者の追い越しとか、三重殺、観客やボールボーイの妨害などは我々審判にとっても、大いに参考になる映像でもありました。

問題なのは、審判の明らかなミスジャッジと見える判定を、面白おかしく扱うことでした。正直に言うなら、我々は必ずや間違いを犯します。ほぼすべての審判が年に何度かは「しまった!」と思う判定をやってしまいます。当然、その場では抗議を受けますし、試合後のミーティングでもその原因を探り謙虚に反省し、事実を受け止めます。時には連盟から処分を食らうこともありますし、それが度重なれば二軍落ち、最悪の場合には解雇ともなるのです。ミスジャッジをしても「人間だから間違えることもある」と、決して開き直っているわけではありません。その代償は大きいのです。

ところが、この類の番組の制作者はその

日本野球機構との団体交渉を終え、記者会見に臨んだ山崎（右）ら審判部の組合役員＝2003年 3 月、東京都内［共同通信社提供］

苦しみを「お笑い」に転化してしまっています。グラウンドでは言ってもいないことに勝手にナレーションを付け、選手とのなれ合い風に表現したり、あたかも審判が手抜きをしているように脚色したりします。あるいは肉眼でははっきりと捉えることができなかったようなきわどいジャッジも、コマ送りの映像で「誤審だった」と証明してみせます。それも何度も繰り返して…。

たった一度しか間違えていなくとも、それを各局で何度も繰り返して放送されれば視聴者はまたあの審判か、と思うでしょう。野球関係者の方々も多く見ていますから、まさに我々の権威を失墜させるばかりでした。自らのミスジャッジを全国区で公開処刑させられるようなものです。これは審判のみならず、家族にとっても辛いものでした。実際に子供たちが学校でからかわれ、泣いて帰ってきたという事例もありました。審判の家族にも苦しみを与えるような番組なのだ、という自覚を制作する側は持っているのでしょうか。

我々組合は、少なくとも審判の誤審を面白おかしく扱うのだけはやめて欲しい、という申し入れをまずコミッショナー機構にしました。ところが機構が要望をテレビ局に出しても、まるで馬耳東風。「表現の自由だ」「視聴者のニーズがある」「そもそもプロなのに間違うからいけないのだよ」。拒絶する声が聞こえてくるばかりでした。ここから執行部の粘り強い戦いが始まりました。

まずは珍プレー集で、審判の誤審と思われるシーンをビデオで編集し、それをどのように扱っているのか、どの部分に問題があるのかを組合執行部で検証します。そして、制作担当者とそのビデオを見ながら幾度も話し合いました。ある時には各局のプロデューサーの方々にご足労願い、事務局で時間をかけてじっくりと我々の意見も聞いてもらいました。番組放映の翌日に抗議の電話を入れたり、ついには組合執行部がテレビ局に乗り込んで直談判、ということもありました。

やがて徐々にではありますが、こういった審判をからかうような風潮がなくなり、今ではほとんど見られなくなったのは一定の成果、と自負しています。

審判の権威はミスジャッジさえしなければ必ず向上する、ということは重々承知しています。でもそれは人間が審判をやる以上、永遠に無理な話です。権威はある程度、周囲が作る必要があるのです。それを貶《おとし》める圧力に対しては徹底的に抗戦しなければなりません。

2011年もあるテレビ番組で、審判に暴力を振るった監督に対して選手の士気を高めたから「あっぱれ！」だ、と言った野球評論家がいました。この件に対して審判組合はむしろ「喝《かつ》！」であるべきだ、と問題提起をしました。そもそも一般社会人が衆人環視の下で暴力を振るえば「退場」ではなく、傷害罪の現行犯で「逮捕」です。球場内だから「退場」で済んでいるのです。

「あっぱれ」とは賛辞です。その行動を素晴らしいと言うならば、少年野球でも高校野球でも審判の誤審に対しては監督や選手は暴力で向かうべし、ということでしょうか？翌週、その番組では司会者から謝罪の言葉があり、我々の権威は守られました。少なくともこういった報道に対して見過ごさず、泣き寝入りをしない体質が今の執行部にも引き継がれ、伝統になりつつあるのは喜ばしいことです。

幻のストライキ

事務局長として取り組んだもう一つの大きな問題は、我々の待遇改善でした。審判の給与システムは、選手と同様に1年契約の年俸制です。個人事業主として年度末には確定申告をしなければなりません。選手のように初年度の契約金はありませんし、サラリーマンのように定年時の退職金もありません。プロ野球の選手・審判に対しては球界引退後、55歳になった時点から年額142万円の野球年金（一種の企業年金）が支払われますが、残念ながら11年5月に解散してしまいました。一方、当時の審判の定年は55歳でした。10月末日までに契約更新通知が来れば、次年度もこの仕事を続けることができますが、来なければ「はい、それまでよ」です。通知が来た者はNPB指定の病院で健康診断を受け、異常がなければ12月の半ばに契約更改となります。

まずは本俸があり、それを12等分して毎月支払われます。他に用具費、出場手当て、遠征旅費などが収入として計上されます。

西岡剛（ロッテ）の見逃し三振をコールする球審・山崎
＝2007年４月26日、日本ハム対ロッテ戦、札幌ドーム

用具費は年額で30万円近くありますが、審判用具はそれほど大量生産されませんから意外と値段が高いのです。球審用のマスクは2－4万円、プロテクターは3－5万円、スパイクも球審用、塁審用があり、それぞれ1足2－3万円はします。各審判の体形や使用時の好みがあるので、注文して頼むと単価はさらに高くなります。

また遠征の多い仕事ですから、もちろん1組ではとても足りません。最低でも2、3組、ベテランになると各球場のロッカーに1組ずつ置いている者もいます。古くなった用具は身の危険にも通じますしテレビにも映る立場ですから、常に新しいものを使います。よって耐用年数はどれもせいぜい2年程度です。

出場手当は一軍公式戦の場合、球審で3万4千円、塁審で2万4千円、控え審判で7千円です。ですから例えば年間に100試合、各ポジションで20試合ずつが割り当てられたとすると、手当ての総額は226万円（球審68万円、塁審144万円、控え14万円）となります。これが二軍戦ですと各ポジション一律で1試合2千円です。この格差はプロの世界ゆえ仕方のないことでしょう。もちろん出場手当ですから、病気や怪我で欠場すれば1円たりとも支払われません。

シーズン中の遠征旅費も各個人の収入として計上されます。この総額が実は大きいのです。平均すればキャンプから含めて年間に100泊ほどします。よって航空費、新幹線、宿泊代を全部含めれば200－300万円、多い者は400万円近くになるでしょう。

それらを全部ひっくるめたものが年明けにNPBから送られてくる支払い調書の金額となり、一軍レギュラーメンバーは軽く1千万円は超えます。トップクラスは2千万円近くにもなります。一見、かなりの高額所得者と思われますが、実質的には遠征旅費や用具などの必要経費が含まれるので、可処分所得はせいぜい額面の6、7割程度。よって年収は同世代の平均的サラリーマンよりも若干高め、早い定年と退職金がない分、生涯賃金はむしろ少ない方かもしれません。世間的にはプロ野球の審判という看板を背負っていますが、実態はかようなものです。そのため待遇の改善は組合発足以来の大きなテーマでした。

それでも、お金以上の喜びを与えてくれる仕事です。真面目にコツコツとやっていればそれなりの昇給もあるので（原則的には減俸はありません）、大きな不満はありませんでした。サラリーマンよりも休日は多いし、シーズンオフはあるし、なによりも野球バカにとってはグラウンドに立ち続けることが最大の喜びだからです。大好きな野球で飯が食える、それがすべての不満を封じ込めていました。

ところが2002年末の契約更改は大荒れとなりました。それまで数％はあった平均年俸のアップ率が、それまでで最低の0・7%に決められてしまったからです。月額にすればわずか数千円、という昇給幅でした。現状維持の審判もいたのです。ご時世からして仕方のない面もありましたが、それでも我々は1年1年が勝負。現役中にもらえるお金がすべてなのです。苦労して積み上げてきた実績やキャリアが全否定されたような気がしました。全組合員がこれではサインできないと憤りました。

これより数年前、大リーグ機構（MLB）の審判部でも、ある問題が起こっていました。トラブルの対処の仕方をめぐって審判側が過剰反応だったと機構が処分を下し、反発した審判組合と対立しました。

この時はメジャーの全審判員が抗議行動として契約書にサインをせずに辞表を出して越年しました。年明けにその騒動は解決したのですが、機構側は再契約する時に交渉の急先《せん》鋒《ぽう》だった審判員やベテランなどを選び、彼らの辞表を受理したまま契約を結ばないという強硬手段に出ました。この年には多くの審判員がグラウンドを去り、代わりに3Aから若手が抜擢《ばってき》され、急場をしのいだそうです。判断を誤った執行部は責め立てられ、しばらくは審判部内にもギクシャクとした感情的なしこりが残りました。ちなみにワールド・ベースボール・クラシック（WBC）で我が国ではすっかり有名になったボブ・ディービッドソン審判（日本対アメリカ戦で西岡のタッチアップが早いと判断して得点を認めず、他の試合でもアメリカ有利となる判定をした）は、この時には懐柔されながらも辞表を取り下げなかった硬骨漢の1人でした。

アメリカの二の舞を演じてはならない、という判断から組合執行部としてはまずは全員に不満ながらもサインだけはするように、との指示を出しました。幸い、全員が契約を終え、審判員としての身分を確保してから次年度の年俸交渉をスタートさせたのです。

予想通り、交渉は難航しました。我々の年俸は12球団からの拠出金で賄われています。まずは総額が決まり、その中での配分となるのです。これには審判員のみならず、機構職員、公式記録員などの給与も含まれています。他にも収入の大きな柱となるオールスターや日本シリーズなどの入場料や放映権料などがありますが、その年、これらの数字は芳しいものではありませんでした。よって機構事務局としては、拠出金を増額しなければどうにもならない状況でした。また、この頃から選手の年俸は大幅にアップして球団財政を逼《ひっ》迫《ぱく》させていましたし、これが2年後の球界再編問題につながることになりました。

今でなら機構事務局の方々の苦悩も十分に理解できるのですが、自分たちの後ろには多くの若い審判がいます。こんな昇給では、これからの人たちが希望を持って仕事に挑めない、今季はもうサインしたから諦めるが、少なくとも来季以降の、最低限の昇給幅を決めてもらわなければ納得はできない、と詰め寄りました。そしてきっかけは年俸闘争ですが、根底には年俸そのものよりも、もっと我々の仕事の重みを球界全体で認めて欲しい、という何十年来の強い願いが込められていました。かつては球団代表から「使用人は黙っとれ！」と言われた時代さえあったのです。

多くの資料を作り、団体交渉に臨みました。時にはマスコミにもプレゼンテーション用の資料を配り、世論のバックアップを期待しました。ところが、1月、2月とトレーニング期間やキャンプ中、機構と電話やＦＡＸで連絡を取り合って交渉を進めても一向にらちが明きません。無為に時間が経つばかりで、開幕も近づいてきました。シーズンが始まれば、それぞれに仕事に専念しなければならないし、開幕前にはどうしても一定の結論を出しておきたかったのです。

そこでついに強硬手段の提案が出されました。社会的に認められた組合ですから、当然ストライキ権もあります。その行使を視野に入れた最終交渉が3月になってから始まりました。オープン戦を終えて夕方から機構事務所へ行き、夜遅くまで交渉することもありました。それでも機構からは具体的な数字は出てきませんでした。この時点では最善の努力をする、それ以外の確たる返答はできぬ。それももっともな回答ですが、我々が振り上げた拳はそう簡単には降ろせません。

開幕4日前まで交渉は続き、ここが実質的なタイムリミットでした。審判員がストライキに入った場合には代替のアマチュア審判やOB審判も用意している、という情報も入りました。

プロ野球は、そのプレーにふさわしいナイスジャッジがあってこそ、選手も引き立ちます。素晴らしい商品（試合）を提供する義務は選手同様、審判にもあります。プロの試合をアマチュアや引退したOBの審判に裁かせるわけにはいかない、あの一軍公式戦のグラウンドは何年もの修練を積んだ者だけが立てる聖地なのです。その原則だけは絶対に崩せない…。

組合執行部の後ろには若い審判たちがいますが、でもその後ろにはもっともっと多くのプロ野球のファンがいます。ぎりぎりの決断が成されました。機構と組合で小委員会を設置して継続審議を行う、という妥結案を飲むことにしたのです。若い人たちからは失望の声も多くありましたが、強行して審判がストライキに入った場合のマイナス部分は計り知れなかったでしょう。私は今でも、あの時点での最善策と信じています。

その後の小委員会は月に1回ほどのペースで行われました。ただ、機構側からは決定権や裁量権を持つ方が出てこなかったので、いつも結論の出ぬ話に終始しました。議事録は理事会や実行委員会に持ち帰り審議する、との記述ばかり。結局なんら具体的数字を得ることもできぬまま時は過ぎ、次年度の契約更改となってしまいました。

それでもこうして対等に交渉した成果は後々、出てきました。労働条件の変更など、すべては機構と組合とが協定書を結ぶようになったし、我々の活動にも一定の理解を示してくれるようになりました。二軍最低年俸（345万円）、一軍最低年俸（750万円）や定年延長案（55歳を58歳に延長）

2007年4月、札幌ドームでの日本ハム対ロッテ戦、打者は森本稀哲（日本ハム）

なども決まりました。それまでの審判部長を親方にした封建的な徒弟社会から大きく変容していったのを実感しています。組合事務局長として、ささやかながらも足跡を一つか二つは残せたのではないか、と思っています。

セ・パを組織統合

2010年は私にとって審判の現役最後の年となりました。審判の定年は当時、55歳。役職（以前は部長、副部長、主任）に就いた審判以外が嘱託や指導員で残ったケースはありません。ましてやここ数年は一軍での出場数も大幅に減り、またも二軍戦で若手とともに汗を流すことが多くなっていました。まだまだ自分では体力も気力も技術もあり十分に一軍でやれる、と思っていても評価をするのは周囲であり、自分ではありません。

前年の12月、とにかく定年まで契約を更新し続けることができ、一定の満足感はありました。その後はどうしよう、などといったことは一切考えずに、とにかく最後の1年を全力疾走しゴールに駆け込むつもりでした。引退後のことはそれから2カ月でも3カ月でもかけてゆっくりと考えればいいのだ、その時にはもう永遠のシーズンオフだから時間は十二分にあるはずでした。

実はこの年、審判部にとっては画期的なことがあったのです。60年もの間、分立していたセ・パの審判部の統合でした。いわば球界内のライバル会社同士が合併したようなものです。統合への根底には、交流戦や日本シリーズなどでよく問題になっていたストライクゾーンやハーフスイング、ボークなどの両リーグ間での微妙な差の解消、あるいは本拠地への移動経費の節減、効率的な審判割り振り、審判育成システムの統一などの課題を解決しようという機運がありました。

とはいえ、まだ完全統合には至らず、部員は従来のままセ・リーグ担当審判、パ・リーグ担当審判として分かれていました。実質的には完全統合への調整段階の1年だったのです。ただ、この間に、二軍戦の審判構成だけは完全統合され、イースタン（東日本の7球団）とウエスタン（西日本の5球団）の試合はセ・パ混成クルーで行われるという変則的な形になりました。若手に関しては1年でも早く同じ指導で同一の判定基準を学ばせよう、という方針だったのでしょう。

新たにスタートしたこのシーズンは新鮮でした。一軍での試合はいつものパ・リーグメンバーでしたが、二軍戦では初めてセ・リーグの若い審判たちとともに汗を流したのです。皆、生きのいい若手で大いに刺激を受けました。グラウンドでの彼らのハッスルぶりは、かつての自分自身を見るようでしたし、一軍昇格への強い意欲も感じました。少なくとも彼らと対等以上の仕事をしなければならない。鍛えていれば50代半ばでもこれだけ動けるのだというところを見せなければならない。いかにベテランになろうとも、ユニフォームを脱ぐ最後の日まで諦めない強い心を見せなければならない。新たな使命と責任を感じたのです。

2010年６月、ロッテ対楽天戦で一塁塁審。
一塁手は金泰均（ロッテ）、ランナーは牧田明久（楽天）

2010年は「千年に一度」とまで言われた酷暑の夏でした。炎天下のグラウンドは直射日光をさえぎるものがなく、体温以上に気温が上がる日も度々ありました。それでも、これが最後の夏、と思えば体力と気力で耐え忍ぶことができました。

おそらく今年が現役最後になるだろう、という覚悟は前年末の契約更改の直後からありました。それだけに開幕前からの大きな目標があったのです。生まれ故郷の新潟で初めて開催されるオールスターゲームへの出場でした。それ以前にも2回出場していましたが、この年は大舞台に対してとりわけ強い思いを持っていました。

私がオールスターに初めて出場したのは1993年。審判12年目の38歳の時でした。傲《ごう》岸不遜《がんふそん》にも出て当たり前、単なる審判人生の通過点ほどにしか思っていなかったし、それほどの感慨もありませんでした。ところがこの歳になれば違います。どう考えても引退の日へのカウントダウンは始まっている、最後の晴れ舞台になるのは間違いない、それも新潟での開催なのだ、と。

最低限の出場資格として、まずは一軍戦でそれなりの活躍をしていなければなりません。この頃、すでに球審は外されていましたが、塁審での出場数はまだそこそこにはありました。ジャッジも無難にこなしており、ひょっとしたらという気持ちで朗報を待っていたのです。

おそらく連盟事務局の方々の温かい配慮があったのでしょう。6月末にオールスターゲームへの3度目の出場要請がありました。高校時代の野球仲間や親族や友人など、誰を呼ぼうかとわくわくする気持ちで招待者リストを作り始めました。

福岡ドームでの第1戦ではナイターで三塁塁審を務めました。翌朝は早起きをし、選手とともにチャーター機に乗り込んで故郷の新潟入り。舞台となるハードオフエコスタジアム新潟は前年に完成したばかりの素晴らしい球場で、現役最後となる年にこの場所でオールスターゲームに出場できるとは何と幸運なことか、と感無量でした。

試合には妻や親族、高校時代の野球仲間、知人、友人ら総勢で50人近い応援の方々が内野席の一角に駆けつけてくれました。「プレーボール」が掛かると、いつもより気合が入り、全力でゲームに集中することができました。二塁塁審として内外野を走り回り、盗塁を裁き、三塁へのカバーリングを俊敏にこなし、あっという間の2時間35分でした。

試合後には地元出身の審判の凱旋《がいせん》出場ということで多くの取材を受けました。「今までに一番印象深い試合は?」と問われ、すぐに思い浮かんだのはお粗末なミスジャッジの揚げ句に退場宣告をし、布団をかぶり声を押し殺して泣いたような辛く厳しい試合ばかりでした。でも、審判の世界に入り29年目にして初めて嬉し涙を流せたこの夜こそ、最高の思い出の試合になりました。やはり審判は天職だったと思えるようになったのです。

この頃から毎日、球場へ行くのが楽しくて仕方がありませんでしたが、一方では残念ながらプロ審判員としての技量や体力が落ちてゆくのも実感し始めました。

ことにショックだったのは、喜びの頂点にいたオールスター明けの西武第2球場での二軍戦でのことでした。3人制審判で一塁にランナーが出ていたので、三塁塁審だった私はショートの前に位置していました。そこへ痛烈な打球が飛んで来て、ひらりとかわした……はずが、打球をよけ切れずに脛に当ててしまったのです。本来ならば併殺打になったかもしれない打球ですが、内野の中にいる審判に当たった場合、打者には安打が与えられます（6・08のd項）。ぶざまでした。プロ審判員になって29年目、初めてのことでした。

9月には西武ドームで三塁塁審をしていた際、フェルナンデス（西武）の放った強烈な三塁線への打球をよけるのが精いっぱいという体験を味わいました。振り返った時は目の中に残像しかなく、イチかバチかで「フェア！」の判定を出しました。結果は正しかったのですが、冷や汗が一気に噴き出しました。

その頃は球審を務めれば、フリック（投球にひるんで頭が動いてしまうこと）して内角高めのストレートが怖くなり、高速の変化球にもてこずるようになったのです。

平均寿命が80歳を超える今、世間的には50代などまだまだ若い方でしょう。しかしプロ野球の世界では確実に年寄りで、実力が落ち目となるのは認めざるをえない年齢でした。それまでに積み上げてきた経験や技術、現場での対応力などで何とかしのいできましたが、限界が近づくのを感じ始めたのです。

マラソンに例えるなら、すでに40キロ地点は過ぎていました。ひょっとしたらもうスタジアム内に入っていたのかもしれません。そこでゴールが見え、最後に沸き出てきた気力が、審判業が楽しく思える日々を演出していたのです。

涙の引退試合

そして、野球バカの日々もついに終焉《しゅうえん》を迎えました。9月15日の朝、NPBの関係者から突然の電話がありました。覚悟はしていましたが、定年による任期満了で来季は審判員契約をしない旨を告げられました。嘱託での再契約も不可とのこと。次の年で丸30年となり、一軍出場も１５００試合が見えてきたので残念でなりません。頭の中は真っ白で呆然と立ち尽くし、気がつけば足元にはポタポタと涙が落ちていました。それでも「はい、わかりました」と答えるしかありませんでした。

ところが、しばし沈黙の時が流れた後、信じがたい言葉が受話器の先から聞こえてきました。「来季からは指導員をやってもらえないか」。これは全くの想定外でした。指導員といえば日本シリーズに何度も出場したエリート審判がやるものだからです。一介のヒラ審判がやった例はありませんし、定年後もＮＰＢに残ること自体、初のケースです。本当に自分でいいのだろうかと自問し、とても即答はできませんでした。

適性はあるのか、周りは認めてくれるのか、そもそも人に教えられるほどの実績と技量を持った審判員だったのか。むしろ、かつては野球記者を目指したように、これからはもう一度勉強し直して、弁《ペン》や筆《ペン》で身を立てる道を探ったほうが良いのではないだろうか、と。

その後、審判長からも電話をいただきました。「驚いたかもしれないが、君の人間性を高く評価している。若手の技術指導のみならず、社会人としての人間教育から文書の書き方、煩雑な事務処理等々の審判総務的な仕事もしてもらいたい」とのことでした。「不遇な時にもふてくされることなく、一生懸命に二軍戦で汗を流していた君だからこそ、素晴らしい指導員になれるはずだ。エリート審判では味わえないような苦しい経験も若い人に伝えて欲しい」との温かい言葉をもらえました。

内部では反対の声も多くあったそうですが、最終的にはNPBも「名選手が名監督にならないのと同様、名審判が名指導員になるとは限らぬ」と判断し、私に今後の若手育成を委ねる決断をしてくれました。最後の札幌遠征の前にNPB事務局に寄り、正式に受諾しました。そして引退試合は9月26日の札幌ドームでの日本ハム対西武の最終戦と決まりました。

試合には遠征に帯同した妻のほか、北大野球部のOB諸兄や寮友も大挙して応援に駆けつけてくれました。彼女には29年間、本当に苦労のかけっぱなしでした。貧乏生活を経験させ、退場騒ぎを起こして心労で夜も眠らせなかったことが度々ありました。炎天下の試合では倒れるのではないかと心配させました。後から聞いたのですが、彼女は「早く現役を引退して欲しい」と強く願っていたのです。

試合前日には北大構内を散策し、北大球場にも足を運んで物思いにふけりました。球場は農学部の演習農場の奥にあり、原生林を抜けると見えてくる文字通りの牧歌的な「新球道の聖地」(部歌より)。ここで多くの仲間と出会い、野球の本当の面白さを教えてもらえたのです。手稲山に落ちてゆく夕日がきれいで、秋口の澄んだ空気の冷たさは今でも忘れられません。この球場での4年間あればこそ、その後の野球人生がありました。最後の試合を札幌の地で終えるのも意義あることでした。

実はこの2010年、パ・リーグは史上空前の大混戦でした。終盤まで首位だった西武が福岡ドームでよもやの3連敗を喫し残り2試合で逆転され、ソフトバンクと0・5ゲーム差の2位に転落。3位争いはロッテと日本ハムが同率で並んでいました。26日の札幌ドームでの最終戦はどちらにとっても絶対に負けられない試合、私個人の感傷に浸っている場合ではありません。両チームのファンが集結し、観客数は4万2002人の超満員となりました。

当日は、起きた時から異常なほどの緊張感がありました。胃はきりきりと痛み、胸苦しく、29年間我が内に居続けたチキンハートの弱気虫に完全に支配されていました。優勝と3位争いの行方がかかる大一番で、しかも超満員の最終戦、30人を超える私への大応援団、こんな状況下でとんでもないミスジャッジをやらかしたらどうしよう、最後の最後に大恥をかくのではないか…。

気晴らしの散歩に出ようにも外は大雨で、ホテルの小部屋で悶々とするしかありません。ベッドに転がり、天井を見つめていれば本当に今日で現役も終わりなのだという切なさが襲ってきます。それでも開始時間は刻一刻と迫り、昼食もほとんど喉を通らぬまま、札幌ドームへと出かけました。

開始1時間前、妻が手をぎゅっと握り「お父さん、頑張ってね」と言ってスタンドに消えた時から、ようやく度胸が座りました。泣いても笑ってもこれが最後、今日ここで見せるジャッジが29年間のすべてなのだと開き直ることができました。メンバー表交換前には、梨田昌孝・日本ハム監督と渡辺久信・西武監督に今日が最後の試合だと告げておきました。

試合が始まってしまえば、もう完全に通常モードです。一塁塁審として来たプレーを見たままに素直に裁けばよいだけのこと。クロスプレーちょっと手前の判定を自信満々に大きなアクションで裁き、見せ所も作りました。四回表には渡辺監督がライトフェンス際の打球に対し、フェンスに当たってから捕ったのではないかと抗議してきましたが、自分が一番近いところで見ているのだ、明らかにキャッチだった、と胸を張ってはねのけました。監督は「まぁ引退試合だから引き下がるけど、あとでちゃんとビデオ見てくださいよ」と注文。私は、次の試合は当然ないはずなのに「わかった、ちゃんと見て**次からの**試合に生かすよ」と言っておきました。

試合は予想通り緊迫し、1点をめぐる重苦しい攻防が続きます。その合間に一塁側スタンドを見上げれば「山崎審判、ありがとう」との横断幕が出ていました。

サラリーマンでも公務員でも教師でも、審判同様、誰でもいつかは定年の日を迎えます。それぞれに一生懸命にその会社、職場で働きますが、定年の日にこれだけの応援をもらえる仕事など果たしてあるのだろうか。たまたまこの仕事を得たため、学生時代の球友や寮友が駆けつけてくれる。そして、こんなにも身に余る声援をもらえるのだ、そう思ったらもういけません。まずは涙の第一波が襲ってきました。

とはいえ、こんな時に涙でプレーが見えなかったなどという失態は犯せません。以後、できるだけスタンドを見ぬようにしました。そして3対3の同点で迎えた九回裏1死一、二塁、日本ハム糸井嘉男選手によるレフトフェンス直撃の劇的なサヨナラヒットが飛び出したのです。その瞬間の気持ちは「あっ、終わってしまった…」でした。

ドーム内は日本ハムの勝利で大歓声に沸いていたものの、スタンドを見上げれば私の応援席の皆が立ち、横断幕が揺れていました。ありったけの感謝の気持ちを込め、深々と頭を下げました。サヨナラ勝ちの歓喜に沸くホームベースの脇を駆け抜け、審判室へ戻ろうとすると、梨田監督がベンチの横で待っていたのです。「長い間、お疲れさんでした」と握手で出迎え、肩を抱いてくれました。

試合中にも多くの選手から「今日が最後なんですか？」と声をかけられていました。横断幕を見つけたある選手が引退情報を皆に伝えたようです。ジャッジをめぐっていがみ合うことも多かったのですが、やはり根は単純なスポーツマンの世界、情に厚いのがいいところです。

涙をこらえながら戻った審判室ではサプライズが待っていました。この2連戦でともに出場した4人の後輩審判から花束を贈られたのです。最後の打球も拾い上げてきてくれました。それに全員がサインをし、

「１度目の引退試合」で応援席には「山崎さんありがとう」の横断幕も
＝2010年９月26日、札幌ドーム

引退記念球として手渡してくれました。予期せぬ出来事に一人一人と握手をし、「長い間、ありがとう」と言っているうちに、とうとう大泣きをしてしまいました。

たいしたセンスも才能もない、凡庸な審判でしたが、それでもただ一筋に打ち込めた29年間でした。最後のこの試合のために辛く苦しい日々があったような気さえしました。

きっちりと長い間、まじめに勤め上げれば最後にこんな素晴らしいご褒美を野球の神様からいただけるのです。諦めない心と強い体を持ち、皆がこんなにも素晴らしい引退の日を迎えられるよう、これからの若手を育てていこうと心に固く誓いました。

引退試合の2010年９月26日の日本ハム対西武戦、札幌ドーム。
一塁手はホセ・フェルナンデス（西武）

感動的な引退試合をさせてもらい、一点の悔いもなくユニフォームを脱ぐことができたのです。千葉の自宅へ戻ってからは感慨にふけりながら、お世話になった方、応援していただいた方にお礼の手紙などを書いていました。ゆとりの日が3日も続いた頃、突然の審判割り当て変更の電話が来たのです。驚天動地とはこのことでした。何と追加でもう1試合、出場せよ、との指示です。

前述したようにこの年のパ・リーグは大混戦となり、ついに10月1日の最終戦まで順位が決まりませんでした。千葉マリンスタジアムでの対オリックス戦でロッテは勝てば3位、逆に負ければ日本ハムが3位、という状況になりました。もちろん3位チームはクライマックス・シリーズへの出場権を獲得します。消化試合を見越して若手を起用するはずだったのですが、さすがに大一番を迎える状況下ではリスクがありすぎる。検討の結果、超ベテランにもう1試合の出場を、ということになったようです。

とはいえ、ためらいました。いかに業務命令とはいえ、すでに引退試合を終え気持ちは切れていたのです。あんなに皆の前で大泣きしたのに今さら格好悪いという恥ずかしさがあり、出場するはずだった若手にも申し訳ない気持ちでいっぱいでした。でも妻に相談したところ、一喝されました。「あなた、何をとぼけたこと言ってるんですか！　こんなチャンスをまたいただけるなんて最高じゃない！　札幌だけじゃなく千葉にだって応援してくれた人はたくさんいるんだし、子供たちにもお父さんの最後の勇姿を見せられるのよ。喜んで引き受けなさい」と。

確かにその通り。まさに本当に最後のプレゼントなのです。ステージで一度幕が降りようとも、アンコールの一曲を歌うのはよくあることだと割り切りました。大急ぎで首都圏在住の友人・知人らにメールを打ちまくり、2度目の引退試合を三塁塁審で迎えることを伝えました。

当日の試合は注目度も高く、すでに開場前から入場口は長蛇の列が出来ていました。こんな中で裁けることこそ、プロ審判員の醍醐味《だいごみ》。胸高鳴る思いで1451回目のプレーボールの声を聞きました。始まってしまえば、いつも通り試合に集中するのみでしたが、予想通りの接戦で一瞬たりとも気を抜くことはできません。

八回表無死、オリックスの先頭打者・坂口智隆は2ボール2ストライク後のスライダーに対してハーフスイングし、投球が体に当たりました。球審から判定を求められた私は「スイング！」とジャッジし三振に終わりました。しかし、「ノー」と言えばデッドボールで無死一塁となり、試合を左右するヤマ場となるところでした。もし、この場面から逆転でもしようものなら、その年のロッテの下克上（リーグ3位から日本シリーズの覇者になった）もなかったわけです。

たったひとつの小さなジャッジの積み重ねが、ペナントレースの歴史を作っている。審判のジャッジには全て同様の重みがあることを最後に教えられました。

試合はロッテが2点差のリードで迎え、最後に二塁手からの送球が一塁手のミットに収まった瞬間、本当に全てが終わったのだという実感が込み上げてきました。体がしびれ、膝が震え、そして振り返れば皆さんが手を振り、拍手をしている姿が目に飛び込んできたのです。深々と頭を下げたらスパイクの足元に大粒の涙が落ちました…。

戻った審判室ではまたもサプライズ。ロッテ球団から「長い間、お疲れ様でした」という大きな花束が届き、わずか4日前に解雇通告をされたある若手審判が待っていました。審判部へは複雑な思いや辛《つら》みがあろうし、仲間への恥ずかしい思いもあるでしょう。皆とは顔も合わせたくなかったかもしれません。なのに「山崎さんの最後の勇姿をどうしても見たかったんです」と言い、応援に来てくれたのです。

彼は素晴らしい審判センスと身体能力を持ち合わせていましたが、たまたま一軍でのデビュー時に何試合か、不運なジャッジが続きました。そこで当時の首脳陣から「あいつは使えない」とレッテルを貼られてしまい、不遇な数年間を過ごしていました。その姿はまさに若き日の自分を見ているようで、ことのほか可愛かったのです。

何度も腐るな、負けるな、と励ましました。お前は絶対にできるんだ、諦めるな、と。でも開幕早々の4月に起こしたトラブル以降、彼には一度も一軍再出場の機会は与えられませんでした。それでも毎日、誰よりも早く二軍球場へ行きブルペンで練習に励み、最後まで立派に戦い抜いた姿を私は見ていました。もしも来季、指導員になったら必ずや彼にもう一度チャンスを与え、一軍への道を切り開いてあげたいと痛切に願っていました。

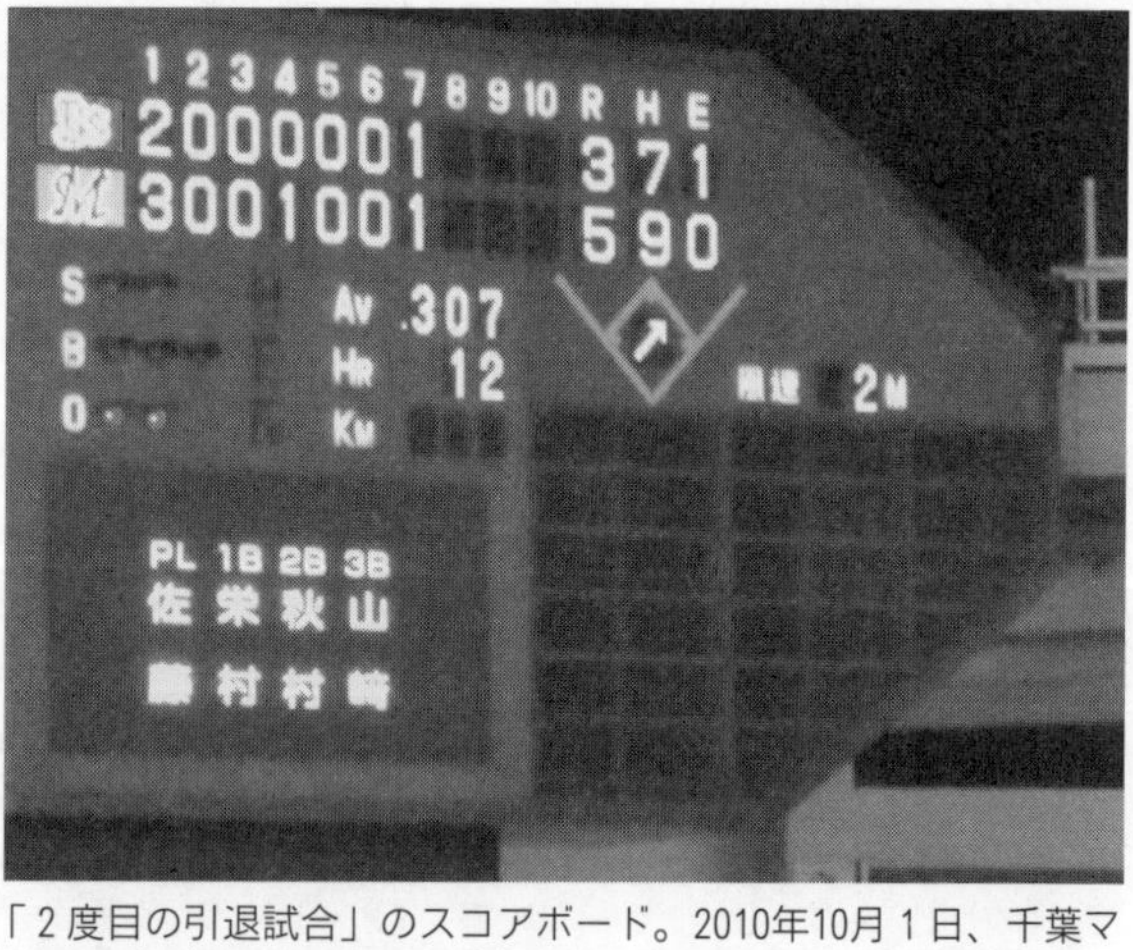

「２度目の引退試合」のスコアボード。2010年10月１日、千葉マリンスタジアムでのロッテ対オリックスはパ・リーグ最終戦でもあった

でも、私の思いも届かず今季限りで解雇となりました。「力になってやれず、申し訳なかった…」「山崎さんと出会えたことがプロ生活7年の財産でした」と声を振り絞った後は、2人で肩を抱き合い、おいおいと声を上げて泣くばかり。今でも忘れがたい辛い涙でした。

こうしてプロ野球界でも前代未聞の2度目の引退試合が終わりました。

技術委員に就任

現役のユニフォームを脱いだら、少しは寂しい思いをすることを覚悟していましたが、予想に反して感じることはありませんでした。むしろ安堵《あんど》感で満たされているのです。自分が考えている以上に、心の根っ子の部分では強いストレスにさらされ続けていたのでしょう。

もうクロスプレーで目を見張ることも、ジャッジを下した瞬間に背筋にひやりと冷たい汗が流れることも、一生味わわずに済む。監督から血相を変えた抗議を受けることも、ファンから罵声を浴びせられることもない。そう素直に思えるのですから、いい辞め時でした。

審判業の喜びや苦しみ、辛さは人一倍に感じ取ってきたと思います。退場宣告数日本一とかトラブル件数の多さなどはマイナスの遺産だったかもしれません。でも、それを後輩に伝えることによってNPB審判部のプラスの財産に転化することが、これからの自分に与えられた使命です。NPBとは現役時代と同様、1年契約の審判技術委員契約を結びました。

主な任務は若手審判の育成です。毎日二軍球場に通い、ノートに指導のチェックポイントを記し、試合後には反省会を開きジャッジについてアドバイスを与え、忌憚《きたん》のない意見

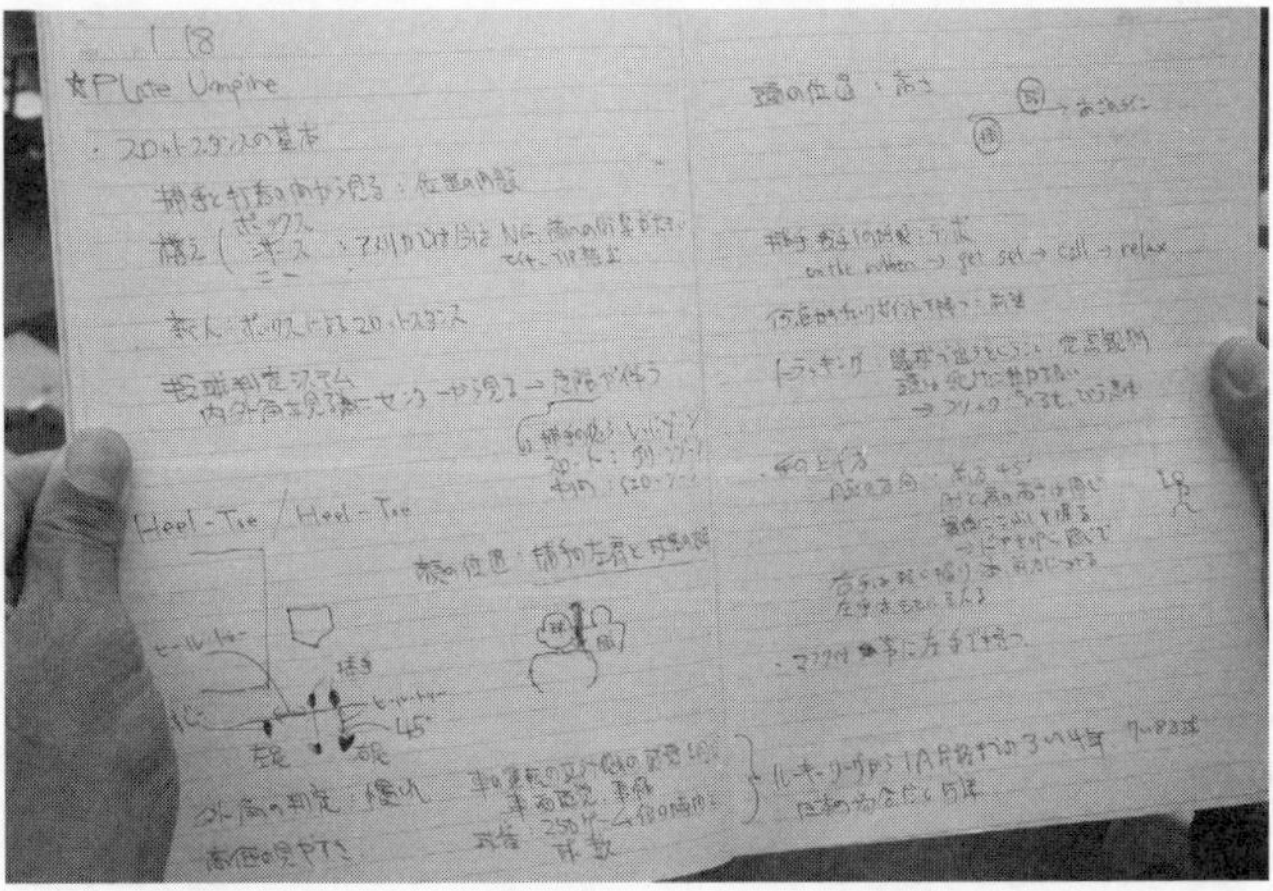

バックネット裏で克明に記している指導用のノート

交換をするのです。非常に複雑な動きの審判フォーメーションやルールの勉強ももちろん欠かせません。「公認野球規則」と「審判メカニクス」は我々にとってバイブルそのもの、あらためてじっくりと読み込みました。この2冊はユニフォームや審判用具同様、若手の必携品です。

就任後にまず立ち会ったのは、10年12月に大阪と東京で行われた新人審判採用試験でした。スポーツ各紙に公募記事を出したところ、全国から多くの志願書と履歴書が機構に送られてきました。多かったのは新卒の大学生（もちろん野球部員）、あるいはアマチュア球界や独立リーグで腕を磨いている若き審判たちでした。

審判員のバイブルとも言える審判メカニクスハンドブック（左）と公認野球規則

12球団にもその旨は伝えてあったのですが、元プロ野球選手の応募は1人もありませんでした。選手の年俸は二軍でも何年か現役を続けていれば500－600万円にはなっていますから、新人育成審判の345万円という年俸は魅力的には見えないのでしょう。既婚者ならばまず生活が成り立たないし、選手ならば実力さえあれば1年目から主力として一軍の舞台に立つこともできますが、審判には即一軍は決してないのです。何と言っても経験が必要な仕事ですし、学ぶ技術は奥深く、多くの修羅場を踏まなければ度胸もつきません。最低でも4、5年の修行期間が必要ですから、いかに野球が好きでもあらためて審判に挑もう、という元選手はいませんでした。

この傾向は近年さらに強まり、ここ10年以上も元プロ野球選手が審判に転身したことがありません。それはそれで、良いことかもしれません。選手と審判は全く別職業の、それぞれの専門職なのですから。「審判でもやってみるか」といった程度のモチベーションでは、絶対に勤まらない厳しさがあるのです。

試験当日、大阪地区では甲子園球場、東京地区ではロッテ浦和の室内練習場にそれぞれ50人くらいずつの若者たちが集まりました。試験はまず実技から始まります。立ち姿、歩き姿を見て体全体のバランスを観察し、その後、基本的な走力テストやキャッチボールをすれば、ほぼその人間の運動能力や野球センスは見抜けます。ここまでで一定水準以上でなければ、長らくプロ野球界に身を置くことができません。野球の天才集団の高度なプレーを裁くのですから、素早い身のこなしやスピードについていける動体視力も不可欠です。

でもそれ以上に重要なのはメンタル面。まずはくよくよしない明るさ、何があってもへこたれない強さ、繊細さと鈍感さ、研究熱心さ、機転の利く頭の良さ、これらを兼ね備えていないと実技面でいかに高得点を上げても採用されません。ですから面接での受け答えと第一印象はかなりの要素を占めます。堂々とした振る舞いと目力《めぢから》、これが重要です。

一応ルールの試験もありますが、これは野球常識を試す程度の簡単なもので、20問だけです。これが高得点だからといって大きなポイントになるわけではありません。ルールを深く知ることは、採用になってから勉強すれば十分に間に合うからです。ただし審判経験者ならば、それまでのキャリア相応の得点がないとマイナス要素になります。研究熱心さがない、と判断されるからです。

でも、たった1日の採用試験では、本当にその人間のプロ審判としての資質を見抜くことはできません。少なくともキャンプ地での団体生活の1カ月を見て真の人間性を知り、この期間での審判テクニックの習熟度を見る必要もあります。

最終選考に残った候補者は、審判技術委員とクルーチーフ（旧副部長や主任で、現場の責任者）の下に割り振られ、それぞれのキャンプ地で基本的なプロの審判テクニックの習熟に務めることになります。もちろん寝食をともにすることにより、クルーメンバーとして大切な協調性や、グラウンドでの目配り、気配りといった点のチェックもします。

２０１１年は最終的に3月に、大阪で３人、東京で2人の若者が採用となりました。１人は四国アイランドリーグで審判の腕を磨いた20歳の若者、３人は大学野球部の新卒でいずれも22歳、あとの１人は元高校球児で卒業後は大工をやっていた24歳、といった構成です。20倍以上の競争を勝ち抜いてきたのですから、皆、体格もよく審判への情熱もあり、今後がおおいに楽しみな逸材ぞろいでした。

ただこの時点でも、まだ実際にプロの実戦の場に立ったわけではありませんから、真の適性という点では疑問符が残ったままです。いざ公式戦になって監督に抗議されたらオロオロしたり、パニックに陥ったりして何もできなかった、では困ります。同じ失敗を何度も繰り返すようでもいけません。そこで２０１１年からは制度を全面的に改め、「育成審判員」を導入することになりました。育成選手と同様の考え方で、最長でも3年以内にある程度の技術水準に達しなければ契約解除、となるわけです。

その厳しさは逆に言えばやさしさでもあります。この世界、性格的に向いていない者には、その先は地獄そのものの日々となるからです。例えば温厚で思慮深く沈着冷静、というのは一般社会では素晴らしい美点ですが、審判の世界では気が弱く優柔不断で気迫に欠ける、となってしまいます。いかなるジャッジでも「両軍に有利」、ということはありません。必ずやどちらかの不満のターゲットになるのがこの仕事ですから、何があろうとも平然とし、自分を貫ける大胆さや傲慢さも必要なのです。

ただ、解雇されようと、それはあくまでもプロの審判としては向いていないということであり、人間性そのものを否定するわけではありません。向き・不向きはどこの世界にでもあることです。専門職の審判はサラリーマンのように他の部署への配置転換や異動ができないゆえ、退かざるを得ないのです。その時期は早ければ早いほど、きっと後には感謝されると思います。

ひょっとしたら解雇の決断をし、通告しなければならない日が来ることもあるかもしれません。その時は断腸の思いをするでしょうが、その素材を伸ばし切れなかったという悔いが残らぬよう、自分では全力で取り組むつもりでいます。とにかく若き好素材をつぶすことなく、伸ばすことが仕事なのですから。

選手は残念ながら皆が皆、一軍のレギュラーになることはできません。これはむごい現実です。まず支配下選手の70人枠に入っていなければ、一軍の出場資格さえないのです。現在多くいる育成選手（２０１２年は12球団で１０４人）は3年以内に支配下選手登録されないと、いったんは契約解除となります。今では再契約も可能とはなりましたが、そこから這い上がるのは容易ではありません。

また一軍登録枠は各球団28人で、出場選手数は25人まで、と決められています。通常は「上がり」と呼ばれる登板機会のない投手（主に先発のローテーション投手）が3人、ベンチを外れます。ですから野手ですとせいぜい15、16人程度しか一軍の試合には出られないのです。その中でもスタメンで出場できるのはＤＨ（指名打者）を含めても10人ですから、結局は70人いるチームの中で日の目を浴びるのは本当にごく一部の選手だけ、ということがわかるでしょう。

また、どんなに実力があろうとも運悪く、当代を代表するようなバリバリのレギュラーがそのポジションに居座っていると万年控え選手、となってしまいます。例えばＯＮが君臨していた頃の読売では、丸々15年以上も三塁と一塁は控えさえ要らなかったのです。毎日、交換するメンバー表には「3番・王、4番・長嶋」と印刷されているようなものでした。実力はありながらも悲哀を味わった選手は数多くいました。

しかし、審判は違います。一定水準の能力を身に付ければ全員がレギュラーになれるのです。この点では運転免許や英語検定などの資格試験のような「絶対評価」なのです。もちろん一軍昇格へ早い、遅いはありますし、選手同様、昇格後の二軍落ちや解雇もあります。でも地道に努力を続ければ、ゴルフなどと同様に一度身に付いた技術そのものが落ちることはありません。逆に長くやればやるほど経験値は上がり、とっさのトラブルなどの対応力や監督、選手との駆け引きなどのせこさも身に付けることができます。「見る力」そのものは年齢とともに落ちても、トータルとしての審判の能力はむしろベテランになればなるほど上がっていくのです。

長くやれば当然、それなりの年俸と地位もついてきます。一軍昇格後は他の審判との比較での「相対評価」となりますが、そこで勝ち抜けばやがてはオールスターに選ばれ、日本シリーズの舞台に立つ機会も与えられます。選手のように打率とか打点、防御率など厳然たる数字は持たない世界です。審判の評価は曖昧《あいまい》な点も多いのですが、だからこそ人間性や仲間からの信頼感が大切な要素ともなります。

審判には何が必要か

結局、プロ審判にとって大切なものは何なのでしょうか。もちろん個々により違います。でも、少なくとも私がこの仕事で定年を迎えるまで全うできたのは、丈夫な体、周囲の人たちの協力、情熱の持続という三つの条件が備わっていたからだと思っています。

第1の条件である丈夫な体は、親にもらったDNAがあればこそですが、自分自身で鍛え上げた、という自負もあります。もちろんその元になっているのは体を動かすのが大好きで、汗をかくのが苦にならないことでした。183センチ、88キロと大柄ながら走るのが大好きで、現役時代は毎日のように試合前に走っていました。オフには毎年、マラソン大会にも出ています。試合前にたっぷりと汗を流し、シャワーを浴びれば身も心も軽くなるものです。汗をかく習慣がつけば自然と汗腺も開き、新陳代謝もよくなって夏場に強い体質になります。引退する最後の年まで精神的なスタミナには疑問符が付きましたが、肉体的なスタミナが衰えることはありませんでした。

今でも若手によく言うことは「心・技・体」ではない、「体・心・技」だということです。体力と気力は間違いなく連動しています。体がへたばった状態では気力など湧こうはずがありません。肉体の限界は気力の限界です。野球で大切なのは7、8、9です。もちろん後半の3イニングのことであり、またシーズン後半の3カ月のことでもあります。大きなトラブルはこのイニングとこの時期に集中するのです。

ここを乗り切るには何といっても集中力が要りますが、支えるのは体力です。大きなエンジンを搭載した車は当然、馬力がありますし力強い走りを見せます。審判も後半で体力に余裕がなければ、そこで失速し集中力を欠いてしまいます。まずは体力、それが万全でこその気力、そしてこれらがあれば自ずと技術はついてくる、というのが私の持論です。

そして体力の元は食です。プロの世界ではスカウトは必ずドラフト候補の選手を食事に誘い、その食いっぷりを見るという話を聞いたことがあります。食える、ということは内臓が丈夫だということです。スタミナをたっぷりと体内に貯蔵できるのですから、ハードな練習にも耐えられます。当然、練習量が多くなろうとも体が音《ね》を上げることはありません。量をこなすこともでき、自ずと技術も身に付いてきます。どれだけ食えるか、というのは体力を測る貴重なバロメーターなのです。

また体の根っ子が丈夫な人間は、怪我や病気にも強いものです。無事これ名馬、と言いますがプロの世界では太く短く、ではいい思いができません。とにかく長くやらなければトータルで満足する成績は残せないのです。一時のタイトルよりも、通算成績こそがプロの勲章であり、真の実力だと私は思っています。

皆、生身の体ですからどんなに気をつけていても風邪をひくこともあるし、ギックリ腰などを患うこともあるでしょう。でも、体の芯の部分が強ければ痛みにも耐えることができるし、グラウンドに這ってでも行けるのです。何があっても休まない、ということは最も大切にすべきプロのプライドです。

自分に自慢できることがあるとすれば、29年間でおそらく一・二軍公式戦からオープン戦、教育リーグ、プロアマ交流戦等々で3000試合以上をこなした中で、たった1試合しか欠場しなかったことです。逆に言うなら、この1試合が今でも悔しくてなりません。

10年以上前の二軍戦でのことでした。その日は朝から微妙に下腹が痛み、少し吐き気もありました。その程度で休もうなどという気はさらさらありませんでしたが、試合直前になっても腹痛はおさまらず、さらに背中も痛み出し額に脂汗がにじんできました。そしてメンバー交換後、ついに球場のトイレでうずくまったまま動けなくなってしまったのです。救急車で病院に担ぎ込まれ、診断の結果は尿管結石でした。ベッドに横たわり、点滴で詰まった結石を動かす治療薬を投与すると、ほんの30分ほどで嘘のように痛みは治まりました。もう試合には出られる、と思ったのですが、すでに開始時刻は1時間も過ぎており、やむなく欠場となった次第です。

その後、3日ほどしたら排尿の時にチクリとした痛みを感じ、便器にポロリと直径2ミリほどの真っ黒な物体がこぼれ落ちました。箸《はし》で拾い上げてみると、コンペイトウのようにギザギザに尖《とが》った結石そのものでした。こんな小さな石ころでうんうんとのた打ち回ったのかと憎たらしくて、しばらくはティッシュペーパーの台座の上に置いて睨みつけたものです。

これが唯一欠場した試合の顛末《てんまつ》ですが、他にもピンチはありました。風邪をこじらせ39度近い熱があったこともありますし、サザエの肝で食あたりを起こし試合の3分前まで吐いていたこともあります。ギックリ腰の時には痛み止めの座薬とコルセットでしのぎましたし、球審でファウルチップが当たって手の甲の骨にヒビが入った時も弱みは見せたくないので我慢し通しました。無茶ができたのも、やはり強靭《きょうじん》な肉体の強さあればこそ、でした。

余談ですが、２０１０年末の健康診断では70ほどの検査項目があり、すべての数値が「異常なし」でした。最後の医師との面談では「55歳にして全く異常なしとは、異常だね」とのお墨付きまでいただきました。

若い審判たちには、とにかく体を鍛えろと毎日のように言っています。体力は貯金ができないのです。怠けたらすぐに落ちますし、逆に鍛え続ければそれなりのレベルを長きにわたり維持し続けることができるのです。体力が良きジャッジの基本中の基本となることは間違いありません。

プロ審判に必要な第2の条件は、周囲の人たちの協力です。これまでに幾多のピンチがありましたが、それでも何とかクビにならずにしのげたのは、必ずや苦しい時に手を差し伸べてくれる人がいたからです。

もちろん挫折しない人生は楽しいだろうし、誰もがそれを願うでしょう。でも、まず世の中の9割以上の人は自分がエリート街道を歩んでいるなどとは思っていないものです。なんでこうもうまく行かないんだろう、ついてないなぁ、と嘆きながら過ごす人が多いと思います。

とにかくうまく行かない時でも、それが自分の実力だとは認めたくないのが世の常です。どこかで誰かのせいにしたくなりますし、不遇な境遇にあるのはこのご時世や運に恵まれてないからだと開き直りたくもなります。審判の場合でしたら選手のプレーや、試合の流れ、天候状態などにまで八つ当たりしたくなるものです。その結果、ふてくされて下を向いたなら…事態はさらに悪くなるばかりです。

かつての自分がまさにそうでした。選手に対し、なんであんな時にエラーをするんだ、だからあわてて間違えたんじゃないか。あんな中途半端な走塁をするから、プレーがもつれるんだ。なんで俺のところにばかりクロスプレーが来るんだ。風が強いから集中力に欠けてしまったんだ、等々です。揚げ句には自分の実力を見抜いてくれない首脳陣が悪い、とさえ思った時期もありました。

でも、うまくいかない原因は必ずや自分の内にありました。全てではないかもしれませんが、大部分は自分が解決できる問題だったのです。長い目で見れば、すべての審判がほぼ同数のクロスプレーを裁き、同数の難ジャッジに出会っているはずです。力ある審判はそれを丁寧に、きれいに裁いているからこそ一流になっていくのです。そこを素直に見つめて認めて、自分の非力さや努力の足りなさを自覚することから始めなければなりません。

そしてそこからもう一度、ひたむきに歩み始めれば、必ずや助けてくれる人が現れるものです。そのことに気付いた頃から、ようやく少し道が開けてきたような気がしました。指導員だった沖さんにはとことん、そのことを教えてもらいました。審判部長や仲間にも助けられましたし、見捨てられることなく何度もチャンスを与えてもらえました。時には球団や連盟職員の方からもフォローの風が吹いてきたこともありました。そしてどんなピンチの時でも最も支えてくれたのが家族であり、特に妻でした。

実は自分の引退を最も喜んだのが妻でした。毎日朝から「野球だぁー、気合だぁー!」とわめくような生活は、野球小僧にとっては楽しいものですが、家族にとっては迷惑千万だったかもしれません。シーズンが始まればグラウンドでのイライラを家庭内でぶつけるし、週末だっていたことがありません。土日に家族サービスにいそしむ楽しげな近所のお父さんの姿を見るのが一番辛かった、と今でも嘆いています。3年で一軍だ、なんて調子のよいことを言っていたのに下積み生活が長く、給料だって取り立ててよいわけでもありませんでした。何度も何度もトラブルを繰り返し、そのたびに二軍落ちもして、毎年10月になると今年こそ契約更新通知が来ないのではないか、と怯《おび》える日々だったそうです。

引退試合を終えた晩、とっておきのワインを酌み交わしながらしみじみと語り合いました。なんだかんだと言いながらも、お前はやっぱり俺の一番のファンだったなぁとねぎらったのですが、返ってきた言葉はこれです。「いいえ、あなたは私の一番の不安でした」

ずっこけましたが、彼女の偽らざる気持ちだったのでしょう。でも彼女なくして私の29年の審判生活は絶対にありえませんでした。何があろうとも「負けてはダメ！」と応援してくれた、最強・最高の味方であり、29年間をともに戦い抜いた戦友でした。

プロ審判の第3の条件は、情熱を持ち続けられたことでしょう。そして、その原動力はやはり野球が好きだったこと。野球はまさに自分の体の中心を貫いている「芯」でした。たいした人物でないのは十分に自覚しています。今もって本質は根性なしの怠け者です。でも、頭に「野球のためならば」という言葉が付くと不思議と頑張れたのです。そもそも走るなんて実は大嫌いなのですが、それでもこの夏場を乗り切るための走り込みだ、野球のためだろ、と心の内からの声が聞こえてくるといつの間にか走り出していました。ブルペンで大声を出し続け、いいかげん飽きてきても、もう50球見たらゾーンが浮かび上がってくるかもしれない、あと一歩だ、そう思うと居続けることができました。他のことではそうは辛抱できなくとも、こと野球のためならば我慢できたし別人格になったような気さえしました。

そして野球のために頑張ることは苦しみではなく、むしろ喜びでした。うまくいかずにもがくことさえ、生きている実感そのものとなりました。試合後のたった少しの満足感、達成感を得るためならば相当の我慢ができたのはありがたいことでした。

大学3年生の秋に、野球はこれから実人生のすべてを教えてくれる、そう直感したのですが、それは間違っていなかったようです。決して平坦な道のりではありませんでした。相当なでこぼこ道だったと思います。他の審判がうらやましくて上ばかり見ていたことがありましたし、もう俺なんかダメだとうつむいてしまったこともありました。何かもっといい道があるのではないかと、左右を見回したこともありました。足元はいつでもでこぼこ道でした。

でも荒れた道のりだったからこそ、見えていた風景があります。速く楽に走れない分、足元にひっそりと咲いている小さな花の美しさや、微妙な風の香りや重さも感じ取ることができました。そぼ降る雨の冷たささえも気持ちよく感じられました。雷雨の後の清々《すがすが》しさも格別でした。

審判という仕事のマラソンを走り始めた時には、どんなゴールが待っているのか、見当も付きませんでした。最初にイメージしていた審判人生のゴールとは相当にかけ離れたものになりましたが、でも、何位であろうとかまわないと、走り切りました。

審判技術委員就任後に直接、指導に当たっているのは関東在籍の若手10数人です。一軍球審にデビューしたての者もいますし、ようやく塁審での出場を果たした者もいます。入ったばかりの育成審判員もいます。時にはトラブルを起こし、二軍に降格させられた審判のフォローを任されることもあるかもしれません。

ただ、皆が縁あってこの世界に入ってきた仲間です。サラリーマンのように配置転換の異動や転勤はなく、NPBと契約更新を続けている限り、ほぼ一生涯の濃い付き合いとなるのです。居心地を良くするのも悪くするのも自分、お互いが信頼しあえるように技術を高め、豊かな人間性を持ち、プロフェッショナルとして誰からも尊敬される審判を育てること、それが今でも大好きな野球への、最大の恩返しだと思っています。

コラム　補欠の君へ

野球というスポーツには九つのポジションしかありません。ですからDH（指名打者）を含めても同時に出場できるのは10人までです。これは世界共通で、10人しかいない野球部でも200人もいる野球部でも同じことです。レギュラーがきっちりと決まっていれば、残りの部員はずっと補欠に甘んじなければなりません。でも、経験は決して無駄ではないのです。

2人の選手のことを思い出します。

1人は、私の故郷・新潟県の高校で3年間頑張ったけれど、試合では報われなかった選手T君の話です。彼のオヤジは私と高校時代3年間バッテリーを組んだ、まさに親友です。中学時代はライバルチームのエースで4番打者、最後の大会では我がチームと戦い、最終回に味方のエラーからサヨナラ負けしたことを今でも悔しそうに語ります。

自分の息子（T君）には何が何でも野球をさせたかったのですが、T君本人はあまり好きではなく、得意でもありませんでした。むしろサッカーの方に興味があり、中学校に入ったらサッカー部に入ろうと思っていたそうです。

ところが熱血野球バカのオヤジはそれを認めません。とにかく野球をやれば一人前の男に成長するはずだ、サッカーをするなら3年間お前とは口もきかんぞ、と脅したようです。まぁ、それほど野球が嫌いというわけでもありません。T君は仕方なく野球部に入りました。中学時代はたまに試合にも出られましたし、当時の野球仲間もいましたから、自然の流れで高校でも野球部へ入りました。

でも高校ではパッとした成績は上げられませんでした。2年生になる頃には少しは練習試合にも出ていたようですが、3年生になった時には優秀な1年生部員にすぐに抜かれてしまいました。外野手のその後ろ、というのがポジションになってしまったのです。それでも同期生15人は誰一人辞めることなく、励まし合いながら最後の夏を迎えました。で、いよいよ大会登録メンバーの発表です。

監督は悩みました。20人の登録枠、3年生は全員入れてやりたい。ただこの夏、野球部がベストの戦いをするためには、そして来年以降のチームのためには2年生のみならず将来性ある1年生も入れたい。苦渋の決断をしました。2人の3年生をメンバーから外しました。もちろんT君はそのうちの1人でした。

その日、彼がどんな思いを抱いて帰宅したかは想像に難くありません。オヤジの心も痛みました。結局、最後の夏もベンチに入れなかった、一度も公式戦で戦うことなくユニフォームを脱がざるを得なかった。やはり野球など向いてなかったのだろう、サッカーを存分に楽しませてあげれば良かった……。

大会初戦は地元から遠く離れた五泉市営球場でした。オールスター休みで帰省していた私は、親友夫妻とともに母校の応援に出かけました。試合前には白い練習用のユニフォームを着て、外野ノックの手伝いをしているT君の姿が見えました。

そして試合が始まるとスタンドでは大きな太鼓の音が響き渡りました。それを叩き、応援リーダーとして声をからしていたのが登録から外れた2人の3年生だったのです。一心不乱にグラウンドを見つめ、同級生の名前を叫びながらスタンドの応援をまとめ上げていました。照れや恥ずかしさなど微塵《みじん》も感じさせませんでした。

息子の姿を見て、オヤジはきっと感慨深いものがあったでしょう。やはり野球は期待通りに息子を一人前の男に育て上げてくれたのです。社会に出ても人のために働き、人の嫌がることもやり抜く男に成長したのです。3年間の努力がグラウンド内で報われぬとも、2人はその試合で最も輝いて見えました。試合後にはスタンドから飛び降り、他の部員たちと整列して誇らしげに挨拶する彼らの顔は晴れ晴れとしていました。

もう1人は元プロ野球選手です。この世界に入った選手は、中学、高校時代は皆がエースで4番、有名だった「地元のナンバーワン」ばかりです。「実はチームの補欠だった」などという話は聞いたことがありません。このエリート集団の中で、ある選手の行動に出会い、驚かされた経験があります。楽天が2005年、球団を創設した年に、西谷尚徳君という選手が入団しました。彼は明治大学で1年生からレギュラーとなり、4年時にはキャプテンを務め、全日本代表メンバーにも選ばれたエリート中のエリートです。背番号も期待の大きさがうかがえる6番を与えられました。素晴らしい野球センスを持っていたのですが、春のキャンプで古傷の右ひじを痛め手術を余儀なくされました。メスを入れたのでリハビリ期間はほぼ1年、二軍戦といえども1試合も出ることなく、トレーニングのみの日々を過ごしていました。午前中にリハビリメニューを終えれば、後はスコアを付けたり、あるいは合宿所へ帰るしかありませんでした。山形での二軍戦に出かけた時のことです。審判も試合前には選手用の食堂へ行って、ケータリングのうどんやラーメンを食べたりするのですが、ちょうど混雑時で入り口近辺はあたりかまわずスパイクが脱ぎ散らかされていました。こんな状態をもちろん誰も見ていないのに、1人で黙々と丁寧に並べ直している選手が西谷君だったのです。こんなことをするプロ野球選手は初めて見ました。私は驚いて、声をかけました。

「おい、スパイクを並べ直してるんかい、感心だなぁ」

彼はこう答えました。

「今の自分はチームの勝利のために何一つ貢献できません。でも、せめてこうして皆のスパイクを並べ、チームの心を一つに並べたいのです。それが今の自分にできる唯一のことです」

試合に出られずとも、何らかの形でチームの勝利のために働きたいという、熱い思いが伝わってきました。楽天で5年間、阪神で1年間、一時は一軍の晴れ舞台で活躍しヒーローインタビューを受けたこともありましたが、怪我にも悩まされ結局は2010年、プロ野球界から身を引きました。失意のどん底で結婚生活をスタートさせるという話を人づてに聞き、彼に励ましの手紙を書きました。

メールや携帯電話でことを済ませる若い人が多い中、数日後には丁寧な文字での封書が届きました。そこにはプロ野球で学んだものを生かし、「将来はアマチュアの指導者となって球界への恩返しをしたい」と書かれていました。プロ野球的成功者になれなくとも、彼は間違いなく社会的成功者になれると確信しました。

この2人の選手に共通することは「補欠」という経験が、さらに自分を大きくしていったということです。もちろんその時には試合に出られぬ悔しさに涙し、忸怩《じくじ》たる思いも抱いたでしょう。でも現実を素直に見つめ受け止め、そこからチームのために、そして自分のために何をすべきかということを学びました。

私も大学時代は補欠選手でした。そして会社勤めをした時も本意ではない職場で働きました。もしも華々しいレギュラーで活躍していたなら、あるいは花形の野球記者で筆を振るっていたならば、とてもプロ審判になってからの二軍落ちの屈辱には耐えられなかったでしょう。つまらぬプライドが邪魔をし、一生懸命に二軍戦で汗を流す気にはなれなかったはずです。人生、自分の思うままにならぬもの、ということを早い時期に学べたことは幸運でさえありました。「補欠」とは文字通り、他の者が欠けたときに補う貴重な役割を担っているのです。レギュラーと等しく価値がある、そう胸を張っていいのです。

私の審判人生の原点は、大学での補欠経験。補欠だったからこそ、プロ野球の世界で29年間、頑張り続けることができた、と今では思えるようになりました。「補欠」は人生の必修科目ではないでしょうか。

心の支え

試合中の審判は何万人もいるスタジアムにいながらも、とてつもなく孤独を感じることがあります。試合序盤で大きなミスをしてしまったり、ここ一番で下したジャッジに不安を感じたり、といった時にも誰も助けてはくれません。すべての責任は自分にあります。まさに針のむしろの上、といった心境に陥る時もありましたが、それでも大きな心の支えになっていたのが「俺の体内には強い遺伝子が受け継がれているのだ」という自覚でした。

父は１９１２年（大正元年）に生まれ、89年（平成元年）に76年の生涯を閉じました。前述したように身長は180センチ弱、体重は100キロもある大男でしたが、まさに気は優しくて力持ちで、私は末っ子だったので特にかわいがってもらいました。

田舎のお寺の7人きょうだいの3男坊という身では進学もままならず、勉強は大好きだったのですが中学卒業後には大阪に働きに出たそうです。その頃に戦争が始まり志願して陸軍経理学校に入学、ここで思う存分、官費で勉強をさせてもらえたのが嬉しかったと後に語っていました。成績も良かったらしく、戦地での物資調達を請け負う陸軍主計大尉として満州に渡り、この頃に母と結婚しました。

母もお寺の出ですが、44年（昭和19年）12月には長男も誕生しました。ところが翌年の夏、終戦を迎え父は捕虜としてシベリアの地へ抑留されたのです。強制収容所へ連行され、生きているのか死んでいるのかも分からぬまま、時だけが過ぎていきました。

残された母と長男は逃げ延び、命からがらに日本を目指しましたが渡航寸前に長男は栄養失調で命を絶たれました。もはや食べるものもなく、母乳さえも出なくなっていたのです。命日は誕生日と同じ、ちょうど丸1年だけの生命でした。その日、母は悲しみのあまり失神し、衰弱はさらに進みました。一時は死も覚悟しましたが、友人からもらったひとかけらの真っ赤なリンゴを食べた時、突如、死んだ我が子のためにも生き延びねばならないという気力が湧いてきました。一度は異国の凍土に埋めたもののの、帰りの便が決定した後にはまた掘り返しました。せめて遺骨だけでも日本の地に埋めてやりたいとの一心だったそうです。

家族の思いも知らず、父はシベリアでの強制労働に耐えていました。多くの仲間が飢えと寒さで命を落としていきましたが、何がなんでも日本に帰り、妻と我が子に会うのだという強い気持ちで耐え抜いたそうです。収容所内では小さなメモ用紙に、まるで米粒のような字で妻子への思いをこめた歌を詠んでいました。そしてガリガリにやせ細った体で、2年後のある日、ひょっこりと母の待つ実家へ現れたのです。そこで、妻に再び会えた喜びと長男を失った悲しみを同時に味わいました。

それでも2人は雑貨の行商から始め、昼夜働き詰めで陶器店を開き、運良くガソリンスタンドの経営にも成功しました。4人の子供たちも育て上げました。お酒が大好きで誰にも優しくて面倒見のよい父、明るくて朗らかで気丈夫な母、こんな両親から生まれたのは私の誇りでした。

「今、グラウンドで味わっている苦しみなど、所詮はボールやストライク、アウトやセーフのことだろ？　間違えたって命までとられるわけじゃあるまいし、何をビビっているのだ。自分で選んだ大好きな野球じゃないか。

俺たちは、弾丸の下をくぐり抜け、我が子を失った悲しみも味わい、極寒のシベリアや満州からも生き抜いて帰ってきたのだ。お前の体には2人の血が流れているのだ。何を意気地のない弱音を吐いているんだ」

叱咤《しった》する大きな声が、どこからか聞こえてくるような気がしたのです。これがグラウンドで時には折れそうになる心の支えとなりました。

QVCマリンフィールド（千葉市）の控え室でくつろぐ山崎

エピローグ

日本シリーズの熱戦の余韻さめやらぬ2011年12月4日、プロ野球選手会主催のチャリティーイベントに参加しました。福島県いわき市にある「グリーンスタジアムいわき」で東日本大震災の被災地の子供たちを励まそう、と開かれた「ベースボール・クリスマス2011INいわき」です。この日は同時に岩手県盛岡市と宮城県仙台市でも同様の催し物が行われました。まさに選手会総動員の大イベントでした。

いわき市への道中の常磐自動車道はまだうねっている個所が多く、ハンドルを取られることもありました。国道に降りてからも見渡せばがけ崩れをしていたり、路肩には大きな水たまりがあったり、いまだに通行止めになっている道路もありました。まだまだ復興には程遠いのを実感させられました。

当日は風が冷たかったものの快晴に恵まれ、福島県内の少年野球チームが150も参加し、観客が5千人も訪れました。3月11日以来、福島は地震の被害、津波の被害、原発事故による放射能汚染の恐怖、さらには風評被害まで加わり相当に辛く苦しい思いもしてきたでしょう。そんな中、本音を言えば野球どころではないだろう、大人も子供も打ちひしがれているのではないだろうか、我々が行って勇気づけるなどおこがましいのではないだろうか、という思いもありました。

でも、それは杞憂《きゆう》でした。本当に明るい笑顔で我々を迎えてくれたのです。選手会からは新井貴浩会長（阪神）以下、井端弘和理事長（中日）、大松尚逸選手（ロッテ）ら11選手、審判部からも9人の現役審判が参加しました。

子供たちは日頃はテレビでしか見ることのできないプロ野球選手を、目の前で見て、キャッチボールもできるのです。その後ろに立つ我々審判の大きなコールでのジャッジも喜んでもらえました。日本シリーズの舞台裏やシーズン中の秘話を語るトークコーナーも好評で、球場の隅々では大きな人だかりができ、サインや記念撮影に快く応じている笑顔の選手たちの姿が見られました。

イベントの最後には「キャッチボールクラシック」という大会が行われました。1チーム９人が７メートルの距離を置いて４人と５人に分かれ、２分間で何回のキャッチボールができるかを競うのです。福島県内の中学校から27チームが参加し、予選、敗者復活戦、準決勝、決勝とスタンドまで巻き込んで盛り上がりました。結果は１２２回ものキャッチボールをこなした平《たいら》一中の優勝となりました。

その後、エキシビションマッチとして、プロ野球選手チーム、審判・女子野球選手チームとの巴《ともえ》戦も行われました。ここでも平一中が１１３回を記録し、プロ野球選手の１１０回を僅差《きんさ》ながらもかわし、大歓声を浴びました。飛び上がって喜ぶ子供たちの姿は本当に輝いており、まぶしく見えま

東日本大震災の被災地で行われたプロ野球選手会主催のチャリティーイベント閉会式＝2011年12月４日、福島県いわき市

した。

　閉会式では新井会長が「こんな大変な状況の中でも、子供たちの笑顔が見られました。健気《けなげ》に頑張っている姿に心を打たれました」としみじみと語りました。井端理事長も同様に「日本中が元気を取り戻さないといけないし、まずは子供たちが元気にならないと先がない」と励ましたのです。

　優勝チームを代表して挨拶《あいさつ》をした2年生の鶴田直登君のスピーチには大きく心を動かされました。彼は避難区域に家があり、大震災以降は避難所を転々としていたそうです。チームメートとも離れ離れになりました。転校したり、混成チームになった中学校野球部も数多くあり、屋外で野球をすることも制限されていました。皆がそんな状況の中、こう語りました。

「3月11日のことを思うと、今、自分がここにいて現役のプロ野球選手に触れ合えるのが夢のようです。苦しかったけれど、今の自分があるのは野球のおかげです。野球はこれからの僕の生きる希望になっていました」

　不覚にも涙がこぼれ落ちました。やはり野球はこうして、子供たちの夢を育《はぐく》んでくれるのだ、白球は生きる道標にもなるのだ。東北の心の復興に、これからも野球は大いに貢献してくれるだろう。ありがとう、野球！　そんな思いでいっぱいになったのです。

最後に現役審判生活の29年間をともに戦い励ましあった審判仲間たち、NPB事務局の皆様、応援してくれた多くの友人、野球の魅力を教えてくれた新潟県立高田高校と北海道大学の野球部、北海道新聞社出版センターの平原雄一さん、丈夫な体に生んでくれた両親、そして誰よりも支え続けてくれた妻と息子たちに感謝の念をもってこの本を捧《ささ》げます。

2012年2月

山崎夏生

山崎　夏生 やまざき なつお

1955年、新潟県上越市にて夏に生まれる。

幼少時から野球が大好きでプロ野球選手を目指すも、北海道大学文学部を卒業時にようやく己れの実力を悟り断念。

プロ野球担当記者になろうと日刊スポーツ東京本社に入社。しかし野球現場への夢を諦めきれずに一転、プロ野球審判としてグラウンドに立とうと決意する。

1982年パ・リーグ審判員として採用され、以後29年間で一軍公式戦1451試合に出場。
その間、歴代１位、計17回の退場宣告を行った審判として記憶に残る活躍(?)をする。

2010年を最後に現役を引退、現在は日本野球機構（NPB）の審判技術委員として後進の指導に当たっている。

プロ野球審判
ジャッジの舞台裏

発行日　2012年３月１日　初版発行
　　　　2012年６月８日　初版第４刷発行

著　者　山崎　夏生（やまざき・なつお）
発行者　宇佐美暢子
発行所　北海道新聞社
　　　　〒060-8711　札幌市中央区大通西３丁目６
　　　　出版センター（編集）011-210-5742
　　　　　　　　　　（営業）　　210-5744
　　　　http://shop.hokkaido-np.co.jp/book/
印　刷　中西印刷株式会社

ISBN 978-4-89453-640-1　C0075